Michiaki und Hildegard Horie · Stufen der Befreiung

Michiaki und Hildegard Horie

Stufen der Befreiung

Scheitern und Neubeginn

R. BROCKHAUS VERLAG WUPPERTAL

ABCteam

ABCteam-Bücher erscheinen in folgenden Verlagen:
Aussaat- und Schriftenmissions-Verlag Neukirchen-Vluyn
R. Brockhaus Verlag Wuppertal / Brunnen Verlag Gießen
Christliches Verlagshaus Stuttgart
Oncken Verlag Wuppertal und Kassel

3. Auflage 1988

Umschlaggestaltung: Carsten Buschke, Leichlingen 2
Umschlagfoto: Photofile — ZEFA, Düsseldorf
Gesamtherstellung: Druckhaus Gummersbach, Arntz & Co.
ISBN 3-417-12360-7

INHALT

Stufen der Befreiung

Vorwort

In meiner Praxis begegnen mir immer häufiger Menschen, die gescheitert sind. Dieses Scheitern bezieht sich nicht nur auf das eine oder andere Erleben; dieses Scheitern ist existenziell und betrifft den Kern der Persönlichkeit. Es legt den Menschen in Ketten und macht ihn zu einem Gefangenen.

Was können wir tun? Wie können wir helfen? Und wenn wir selbst Betroffene sind, wie können wir wieder frei werden und damit lebensfähig?

Der Mensch sucht verzweifelt nach neuen Wegen, und neue Religionen bieten sich an — doch die Gefangenschaft wird oft noch ärger als zuvor.

In diesem Buch möchten wir Sie mitnehmen auf eine abenteuerliche Expedition in das Labyrinth unserer Seele. Wir wollen den geheimen Feind aufspüren, der uns gefangennimmt und unser Leben zu vernichten droht; wir wollen seine Kampfmethoden verraten und den Weg zur Befreiung zeigen.

So ist das Ziel dieses Buches, Verborgenes aufzudecken, Gebundene von ihren Fesseln zu lösen und jene, die vor den Trümmern ihres Lebens stehen, mit neuer Hoffnung zu erfüllen.

Einleitung

In der Verstrickung

Da ist eine Mutter. Ihr Denken kreist um ihren Sohn. Sie hat alles für ihn getan, alles für ihn geopfert: ihren Beruf, ihre Zeit, ihre Ehe. Jetzt sitzt sie im Altenheim und klagt an.

Ein junger Mann. Er kann es nicht verkraften, daß ihm gekündigt wurde. Er fühlt sich als Versager und wagt nicht, seiner Frau unter die Augen zu treten.

Ein Siebzehnjähriger. Er weiß selbst nicht warum, aber eines Tages hatte er keine Spannkraft mehr, in die Schule zu gehen. »Die anderen können alles besser, es hat doch keinen Zweck.« Zu Hause tobt er und tyrannisiert seine Familie und droht, sich das Leben zu nehmen.

Eine junge Frau. Ihre Ehe ist kaputt. Sie ist voller Anklage und Verzweiflung. Das Leben ist für sie sinnlos geworden. Sie ist bitter und wird krank.

Eine Zwanzigjährige. Sie kann sich für nichts entscheiden. Ihre Geschwister haben alle etwas erreicht. Nur sie ist das »schwarze Schaf« und wird es »nie zu etwas bringen«.

Ein Vierzigjähriger. Er hatte geglaubt, mit der anderen Frau glücklicher zu werden. Jetzt sieht er sich betrogen und wird krank.

Ein Dreißigjähriger. In sexuelle Perversion verstrickt. Er kann sich nicht befreien.

Eine Studentin. Voller Angst und Zwang. Sie muß ihr Studium abbrechen. Eine gescheiterte Existenz.

Eine Frau, Mitte fünfzig, hält Rückschau auf ihr Leben. Resultat: »Ich hätte alles anders machen können. Jetzt ist es zu spät.« Sie wird depressiv.

Ein junges Mädchen. Voller Haß. Am meisten aber haßt

sie die, die ihr das Leben gab — ihre Mutter. Und dieser Haß macht sie krank.

Ein Student ohne Zukunft. »Mich kann doch keiner lieben.« Er stößt überall auf Ablehnung und findet sich nirgends zurecht.

Eine Lehrerin. Ihre heimliche Liebe wurde nicht beantwortet. Sie versuchte lange, ihre Einsamkeit zu überspielen. Innerlich zerrissen — eine Psychose bricht aus.

Ein Prediger. Sein Glaube ist nichts als eine leere Hülle, die er mit frommen Worten füllt.

Eine junge Mutter — nach außen von vielen beneidet, aber innerlich ist sie eine Gefangene. Voller Angst und Schuldgefühlen.

Ein Geschäftsmann — er jagt von Termin zu Termin, aber die eine Schuld, die ihn seit dreißig Jahren verfolgt, kann er nicht abschütteln.

Diese Liste kann beliebig fortgesetzt werden. Namen und Schicksale von Menschen, die am Leben gescheitert sind. Und irgendwann kommen sie in die Sprechstunde des Arztes. Hinter den hundert verschiedenen Symptomen aber verbirgt sich die bittere Erkenntnis: Das Leben selbst ist zum Feind geworden, zu einem Feind, gegen den man vergebens anzukämpfen versucht.

Instinktiv spürt der Mensch, daß irgendwo in seinem Leben ein Störfeld ist. Und dieses Störfeld wirkt wie ein Stachel, an dem er sich wundreibt. So versucht er dieses und jenes, um sich gegen das Wundreiben zu schützen. Er will die Symptome beseitigen, ohne die Ursache selbst anzugehen.

Es gibt Menschen, die kommen in die Praxis des Arztes wie in einen Supermarkt. »Herr Doktor, das und das sind meine Symptome, geben Sie mir die entsprechende Medizin.« Und wenn diese Medizin nicht das bewirkt, was sie erhofften, so taugt entweder der Arzt nichts oder die Medikamente.

Und wieder andere kommen und breiten ihr Leben aus, und ihre Klage dreht sich immer um denselben Punkt: die eigene Verletzung, das Unrecht, das ihnen geschehen ist. Sie klagen den anderen an — den Arbeitgeber, den Kollegen, die Mutter, den Ehemann, die Umstände —, sie suchen den Feind, der ihnen tiefe Wunden zufügte, und jetzt wollen sie sich rächen. Aber sie sind nicht bereit, die Ursache ihres Scheiterns in sich selbst zu suchen, in ihrer verkehrten Art, der eigenen Rechthaberei, dem versteckten Stolz und dem heimlichen Geltungsdrang. In geheuchelter Demut zeichnen sie ihr eigenes Bild, das Bild eines unschuldigen Opfers.

Oder — auch das ist möglich — sie überzeichnen und karikieren die Tragik ihres eigenen Scheiterns, um von andern bestätigt zu bekommen, daß sie letztlich so schlecht und verloren doch gar nicht sind.

Wie viele Möglichkeiten gibt es, sich selbst zu täuschen. Mit wieviel Geschick versteht es der Mensch, sich der Verantwortung zu entziehen. Letztlich aber ist er auf der Flucht aus Angst, das Urteil über sein Leben bestätigt zu erhalten, das er im tiefsten über sich gefällt hat: verfehlt. Unwiderbringlich verloren. Verpfuscht. Gescheitert. Das ganze Leben ein Fiasko. Denn tief in seinem Innern ahnt der Mensch, daß er ein Gefangener ist und daß all seine Bemühung ihn nur noch mehr in die Gefangenschaft hineintreiben.

Aber da, wo ein Mensch aufrichtig wird vor Gott, ist Hoffnung.

Vom Versagen zum Scheitern

Wir alle kennen Situationen des Versagens, Augenblicke, an denen uns schmerzhaft bewußt wurde, daß wir in irgendeinem Punkt dem Maßstab eines andern — oder unserm eigenen — nicht entsprachen.

Das fängt schon in der Kindheit an. Da muß ein Kind erfahren, daß es nicht so ist, wie es von ihm erwartet wird. Vielleicht hat es wieder und wieder gehört: Das kannst du nicht! Dann wird es verglichen mit der Cousine oder dem älteren Bruder, der als Vorbild hingestellt wird, ein Vorbild, mit dem das Kind nicht Schritt halten kann. Es fühlt sich als Versager. In ihm wächst das Gefühl, ich bin nicht so gut, nicht so hübsch oder nicht so klug wie dieser oder jener. Dieses Vergleichsdenken führt immer mehr in eine Sackgasse hinein (siehe »Das verlorene Ich«).

In der Schule kommen dann neue Formen des Versagens hinzu, etwa die Mathematikarbeit, vor der das Kind verzweifelt brütet und doch keine Lösung findet. Hier kann dann ein früheres Versagen bestätigt und gefestigt werden. In dem Kind verdichtet sich nun der Verdacht, daß es nicht so begabt ist wie andere. Und später im Berufsleben muß es erneut Enttäuschungen hinnehmen, wenn die Arbeit nicht so anerkannt wird, wie es gehofft hatte. Die Kritik klingt noch lange nach.

Es mag aber auch sein, daß die Kindheit ganz unauffällig verlaufen war, doch irgendwann kommt es zu einer ersten Erfahrung, durch die es dem jungen Menschen bewußt wird, daß er nicht so hervorragend ist, wie er bis dahin geglaubt hatte, daß es Dinge in seinem Leben gibt, die er nicht mehr einordnen kann. Er versucht, diese Erfahrung zu verstecken; oder er sucht Hilfe und muß dann erkennen, daß er allein gelassen wird. Der gute Rat, der ihm erteilt wird, bringt ihn nicht weiter. Er fühlt sich abgestoßen, allein gelassen, nicht verstanden.

In dieser Zeit kann es zu einer ersten Liebesenttäuschung kommen. Hatte der junge Mensch geglaubt, einen Gefährten seines Vertrauens gefunden zu haben, so sieht er sich jetzt verraten. Eine Enttäuschung löst die andere ab. Der junge Mensch wird immer verwirrter, immer hilfloser. Vielleicht heiratet er und stellt fest, daß er nicht den Partner geheiratet hat, den er sich erhofft hatte. Die Ehe fängt an zu bröckeln. Es kommt zu einer großen inneren Krise. Um der Kinder willen bleibt noch die Ehe bestehen. Die Kinder wachsen heran. Aber der selbst so tief verunsicherte Mensch ist seiner Rolle als Erzieher einfach nicht gewachsen. Er ist zu stark mit der eigenen Problematik beschäftigt, so daß er nicht auf die Kinder eingehen kann. Er wird nervös, verliert die Kontrolle über sich, schreit die Kinder an, schlägt zu und sieht sich selbst in einer Position, die er sich nie zugetraut hätte. Die Situation kann sich immer mehr zuspitzen. Wenn dann noch eine bittere Erfahrung hinzu kommt, beispielsweise eine Enttäuschung oder ein Verlust, so kann das eine Kettenreaktion des Versagens auslösen, die schließlich im Scheitern endet. War es zunächst ein Versagen in diesem oder jenem Punkt, so kommt es jetzt immer häufiger zu Versagenserlebnissen. Und das gehäufte Versagen zieht Angst nach sich vor weiterem Fehlverhalten. So wird das Selbstvertrauen immer geringer, und die Resignation weitet sich aus. Es kommt zum Scheitern. Jeder Versuch, das Leben zu meistern, schlägt fehl. Die zwischenmenschliche Beziehung wird immer schwieriger. Der Mensch wird unfähig, einem andern Freund zu sein. Weil er zu stark mit der eigenen Problematik beschäftigt ist, kann er nicht frei sein für einen andern.

Es gibt verschiedene Bilder des Versagens. Da ist das Versagen in der Kindheit, in Schule und Beruf, in Freundschaft und Ehe, in Erziehung und Familie. Solche Versagenserlebnisse gehören zu unserem Alltag und müssen nicht zwangsläufig zu einem Scheitern führen.

Schon bevor ein Mensch in die Schule kommt, hat er in der Regel einige erste Erfahrungen im Versagen gesammelt. Solche Erfahrungen sind wichtig für die gesunde Entwicklung eines Menschen und dienen letztlich zu seiner Reifung.

Es gehört zur Entfaltung eines Kindes, daß es seinen Lebensraum langsam erobert, daß es seine Umgebung erforscht und anfängt, seine kleinen Kräfte zu messen. Und wenn es fällt, wird es wieder aufstehen, um es erneut zu versuchen. Das Versagen wird somit in den Lernprozeß eingegliedert und führt schließlich zum Erfolg durch Training.

Wenn das Fundament gesund ist, können Versagenserlebnisse ohne weiteres von der Persönlichkeit integriert, d. h. entsprechend verarbeitet werden. Ja, mehr noch, solche Erlebnisse stabilisieren die Persönlichkeit und prägen sie. Aber um solch eine Stabilisierung der Persönlichkeit zu erreichen, muß die Voraussetzung dazu gegeben sein, nämlich das Vertrauen.

Normalerweise reagiert der Mensch auf ein Versagen mit einem Gefühl der Bestürzung, der Enttäuschung, oder auch mit Wut und Empörung. Diese Reaktionen sind zugleich ein Versuch der Verarbeitung. Aber dann wird er in der Regel nach einem Sturz wieder aufstehen und nach einem Fehlversuch neu anfangen. Doch wenn eine Persönlichkeit instabil ist, werden negative Erlebnisse nicht ohne weiteres integriert. Da zieht ein Versagen schon das zweite nach sich. Und im Laufe des Lebens kann ein Mensch sich sogar an sein Versagen gewöhnen, dann ist er nicht mehr bemüht, es zu korrigieren, ja, er erwartet vielmehr schon ein negatives Resultat. Anstatt zu vertrauen — resigniert er.

In die Beratung kommen zumeist diejenigen, die mit ihrem

Scheitern einfach nicht zurechtkommen. Sie haben keinen Boden mehr unter den Füßen und sind ohne Orientierung, ohne Halt, ohne Ziel. Sie wissen weder wozu, noch wohin. Wenn wir hier also vom Scheitern sprechen, meinen wir damit ein existenzielles Scheitern, das die ganze Persönlichkeit betrifft.

Kampffeld Seele

Renate oder ein Mensch namens X

Renate war in einer christlichen Familie aufgewachsen. Ihre Kindheit verlief zunächst unauffällig. Sie war gehorsam und auf Grund ihres Gehorsams beliebt. Aber bald mußte sie feststellen, daß ihre jüngste Schwester mehr Anerkennung fand und von der Mutter mehr Zuwendung erhielt als sie selbst.Das war für sie eine große Enttäuschung. Von da an glaubte sie, die Liebe der andern durch Leistung verdienen zu müssen. Sie war bemüht, jemand zu sein; verglich sich mit andern, eifersüchtig darauf bedacht, von allen anerkannt zu werden. Dieses Bestreben führte zu einer extremen Angst vor jeder Prüfung. Der Gedanke, schlecht abschneiden zu können, war für sie unerträglich. So konnte sie aus Angst vor dem Versagen kein Examen ablegen. Sie war begabt, aber jedes Lob wertete sie als heimliche Kritik, nicht gut genug zu sein. Man spürte: irgend etwas war fehlgesteuert. Sie kam nirgends zurecht. Sie versuchte es hier und da, brach aber jedesmal das Arbeitsverhältnis ab und beschwerte sich über ihren jeweiligen Arbeitgeber. Sie fühlte sich von allen ungerecht behandelt. Diese Anklage führte sie allmählich in die Isolation. Nach außen hin war sie zunächst noch sehr kontaktfreudig, aber um keinem ihre heimlichen Gedanken verraten zu müssen, mauerte sie sich innerlich ein. Sie sehnte sich nach Geborgenheit und Liebe. Aber jedesmal wurde sie enttäuscht, denn ihre Erwartungen waren zu hoch. Sie war sehr stolz und selbstbewußt — trotz großer Minderwertigkeitskomplexe. Ihr ganzes Verhalten bekam etwas Kontrolliertes, Erzwungenes, bis hin zu der Art zu sprechen. Da war nichts Natürliches. In allem auf Anerkennung bedacht. Und wenn die gewünschte Anerkennung ausblieb, war sie zutiefst verletzt. Und als Folge davon verletzte sie andere. Sie selbst aber war überempfindlich und konnte keinerlei Kritik vertragen. Das Zusammenleben wurde immer gespannter. Immer unerträglicher. Hatte jedoch jemand Gnade in ihren Augen gefunden, so wurde er völlig in Besitz genommen. Und damit wiederholte sich genau das, wogegen sie sich selbst mit Leidenschaft wehrte.

In ihrer Gemeinde war sie sehr aktiv, und ihr Pfarrer konnte sich auf sie verlassen. Aber ihre Aktivität bekam etwas Hektisches. Zwar war der Pfarrer froh, daß jemand da war, der sich für die Schwächeren einsetzte, doch in ihrem Einsatz lag eine stolze Herausforderung.

Besonders problematisch gestaltete sich das Verhältnis zu ihrer Mutter, mit der sie in einem Haus lebte. Im Grunde hatte sie ihre Mutter nie gesund erlebt. Sie liebte ihre Mutter — aber zugleich haßte sie sie und lehnte leidenschaftlich alles ab, was von ihrer Mutter ausging. Auf jede Art der Mitteilung reagierte sie aggressiv und voller Spannung. Jede Berührung war ihr ein Greuel. So brachte sie es nicht fertig, im Gottesdienst neben ihr zu sitzen. Die Vorstellung, der Mutter körperlich nah zu sein, lähmte sie. So wich sie ihr aus, hatte dabei aber zugleich ein schlechtes Gewissen.

Um sich in ihrem Verhalten zu rechtfertigen, suchte sie einen Verbündeten. Sie lief von einem Seelsorger zum anderen. Aber niemand konnte ihrer Erwartung entsprechen. Sie zog sich mehr und mehr zurück und fand in sexuellen Tagträumen eine gewisse Befriedigung. So baute sie sich ihre eigene Welt auf, in der sie allein König sein konnte.

Nun erforderte es ihr Beruf jedoch, daß sie aus ihrem Getto herauskam. Voller Mißtrauen beobachtete sie ihre Kollegen und verdächtigte einen nach dem andern, über sie gesprochen zu haben. Alles wurde umgedeutet. Jede harmlose Geste erhielt eine eigene Bedeutug. Der Umgang wurde immer komplizierter. Ein Lächeln wurde mißverstanden und jedes freundschaftliche Geschenk mit einer schweren Hypothek belastet.

Ein Leben der Verbitterung und versteckten Anklagen. Ihr Bewegungsradius wurde immer enger. Mit vierzig Jahren wurde der Konflikt unerträglich.

Hier haben wir ein Muster vor uns, wie es sich Hunderte von Malen in meiner Praxis wiederholt hat. Wenn sich also jemand in diesem Beispiel wiederfindet, so bestätigt das nur, wie verbreitet diese Konstellation in Wirklichkeit ist.

Irgendwann im Verlaufe dieses Geschehens kommt dann ein Mensch in die Sprechstunde und schildert dem Arzt dieses oder jenes Symptom. Aber schon bald wird deutlich, daß sich dahinter ein weit verzweigtes Problem verbirgt, wobei die geklagte Störung lediglich eine kleine, unbedeutende Nebenauswirkung ist. Die eigentliche Wurzel aber liegt tief im Innern verborgen.

Anhand dieses Musters wollen wir miteinander dem eigentlichen Feind auf die Spur kommen.

Die brodelnde Tiefe

a) Der depressive Kreislauf

Wenn wir solch eine Entwicklung sehen, zeichnet sich dahinter ein ganz bestimmtes Bild ab. Zunächst wirkt dieses Bild wie ein wirres Durcheinander von verschiedensten Strömungen. Aber je mehr wir uns damit beschäftigen, desto deutlicher erkennen wir einzelne Strudel, und in diesen Strudeln wiederum eine gewisse Gesetzmäßigkeit. Wir beobachten vier verschiedene Zwangskreisläufe, die ineinander übergreifen.

Solch ein Kreislauf ist nicht immer in allen Punkten gleich, aber im Prinzip bleibt er derselbe.

Da ist zunächst der *depressive* Kreislauf.

Er beginnt mit der *Verunsicherung* in der Persönlichkeit. Im Laufe seines Lebens hat dieser Mensch wiederholt negative Erfahrungen gesammelt, die allmählich zu einer tiefen Verunsicherung führten. Diese Verunsicherung kann so tief verwurzelt sein, daß man den Eindruck gewinnt, als wäre dieser Mensch schon mit einer Grundverunsicherung geboren. Ja, als habe dieser Zustand schon vor der Geburt begonnen und bereits im Mutterleib seinen Ursprung gehabt. Und diese Verunsicherung macht es ihm unmöglich, normale Kontakte zu pflegen.

Weil er seine Verunsicherung nicht preisgeben will, zieht er sich innerlich zurück, wobei er durchaus nach außen hin — zumindest zunächst noch — sehr aktiv sein kann. Aber sein Lachen und Auftreten ist letztlich nichts anderes als ein Theater, mit dem er seine Unsicherheit überspielen will. In seinem innersten Raum ist er einsam und unverstanden. Und je mehr er über sich selbst reflektiert, desto unglücklicher wird er. So führt die Verunsicherung zu einer weiteren Stufe, dem *Vergleichsdenken.* Er vergleicht sich mit den andern, die es seiner Meinung nach besser haben. Und dieses Vergleichsdenken vermehrt wiederum die Unsicherheit. Er fühlt sich minderwertig, ist voller Neid und Eifersucht. Er lebt in einer ständigen Angst vor der Niederlage, Angst vor einer Enttäuschung, Angst, von andern Menschen nicht genügend anerkannt, nicht beachtet, ja, abgelehnt zu werden. Und der Gedanke, abgelehnt zu werden, ist für ihn das Schlimmste, das er sich vorstellen kann. Die kleinste Kritik bestätigt schon seinen Verdacht, von keinem geliebt zu sein. Und dieser Gedanke ist für ihn unerträglich. Er sucht etwas, das ein Ausgleich darstellen könnte für diese Enttäuschung. Und damit

kommt es zur nächsten Stufe: der *Ersatzbefriedigung.* Auf Grund der Selbstunsicherheit sucht dieser Mensch häufig eine Befriedigung im Lustempfinden. Weil er in der Wirklichkeit nicht zurecht kommt, flieht er in die Phantasiewelt und verliert sich im Tagtraum.

Schon als Kind lebte er unter Umständen sehr zurückgezogen, war schüchtern und wurde daher leicht von der Umwelt übersehen. Oder mehr noch: er war überangepaßt, und das wiederum wurde von der Gesellschaft als angenehm empfunden, denn er fiel nicht auf und störte damit auch nicht.

Aber dieses Überangepaßtsein war nur die äußere Fassade. Tief im Innern hatte dieses Kind seine eigene Welt aufgebaut, um seine Verunsicherung besser kompensieren zu können.

Lebte dieser Mensch schon als Kind in seiner eigenen Welt, so wird er jetzt diese innere Welt noch farbiger ausgestalten und noch strenger nach außen hin abgrenzen. Er baut eine Welt, zu der kein zweiter Zutritt hat. Eine Welt, in der er selbst regiert. In der er selbst bestimmt, was gut und böse ist. Denn hier herrscht das Motto: »Ich gehöre mir. Meine Gedanken und Phantasien sind meine eigene Welt. Ich kann das Böse noch böser und das Gute noch besser werden lassen. Denn das alles gehört mir.«

Später kann solch eine Ersatzbefriedigung in einem gestörten Eßverhalten zum Ausdruck kommen, einer Freßsucht oder einer Magersucht.

Bei einer Freßsucht ißt der Mensch nicht mehr, er frißt. Alles, was er vorfindet, stopft er zwanghaft in sich hinein, doch nur, um es hernach wieder zu erbrechen. Oder umgekehrt: bei einer Magersucht beschließt er, nichts mehr zu essen, aus Trotz und Überheblichkeit. Damit hat er eine Waffe in der Hand, durch die er andere Menschen zwingt. Sowohl die Freßsucht, als auch ihr Gegenteil, die Magersucht, werden somit zu einer Ersatzbefriedigung, um die durchlebte Verunsicherung besser kompensieren zu können.

Eine andere Form der Kompensation ist eine exzessive Sexualität in Form einer übersteigerten Selbstbefriedigung und Hurerei. Um das Verlangen nach Anerkennung zufrieden zu stellen, schafft man sich selbst eine Befriedigung im sexuellen Bereich. In diesem sexuellen Mißbrauch setzt der Mensch sich über alle moralischen Schranken hinweg, um seine Freiheit zu demonstrieren. Aber solch eine grenzenlose Freizügigkeit schafft keine Sicherheit, nach der er sich ja letztlich sehnt. Und irgendwann kommt im Leben dieses Menschen der Zeitpunkt, an dem er sein Tun in Frage stellt. Denn instinktiv ahnt er, daß diese Lebensform nicht angemessen ist. Er klagt sich an. So führt die Ersatzbefriedigung zur *Selbstanklage*. Solch eine Selbstanklage kann sehr hart und erbarmungslos sein. Der Mensch gerät immer tiefer in eine Sackgasse hinein. Aus Angst vor einer Verurteilung versucht er, sein Tun wieder gut zu machen und geht somit zur fünften Stufe über, der vermeintlichen *Wiedergutmachung*. Und diese Wiedergutmachung wird zum Zwang.

Solch ein Zwang wiederum hat viele Gesichter. Da ist beispielsweise der Bekenntniszwang. Dieser Mensch will alles bekennen. Er läuft von einem Seelsorger zum andern, um wieder und wieder dieselben Sünden zu beichten — und findet doch keine Erleichterung.

Ein echtes Schuldbewußtsein, das vom Heiligen Geist gewirkt ist, bringt durch das Bekennen Entspannung. Aber hier wird ein Mensch zum Bekenntnis getrieben — ohne wirklich Befreiung zu finden. Da wird das Bekennen zum Zwang.

Solch ein Zwang kann sich aber auch auf anderen Gebieten bemerkbar machen. Da ist der Waschzwang, der Ordnungszwang, der Kontrollzwang. All diese Zwänge stehen im Dienst der Wiedergutmachung für das, was als Schuld im Leben zum Ausdruck kam.

Damit ist nicht gesagt, daß jeder, der an einem Waschzwang leidet oder von einem Kontrollzwang eingeengt wird, eine stille Wiedergutmachung für eine sexuelle Entgleisung sucht. Es geht um das Prinzip des Zwangs. Wer einem Zwang erliegt, ist letzlich bestrebt, sein Image rein und unbefleckt zu erhalten. Der Zwang ist eine Form der Wiedergutmachung und dient damit der Selbstgerechtigkeit. Schuld — in welcher Form auch immer — soll gesühnt werden. Solch eine Schuld kann auch durch eine gestörte zwischenmenschliche Beziehung entstehen. Ein Mensch, den man eigentlich meint, lieben zu müssen, wird heimlich abgelehnt. Und weil solch eine Ablehnung nicht sein darf, fühlt man sich schuldig. Da man glaubt, in allem perfekt sein zu müssen, versucht man, diese Schuld auszugleichen. Solch ein Bestreben wurzelt letztlich in der Selbstgerechtigkeit. Man will keinem etwas schuldig bleiben.

Ein Zwang kann sich genauso gut in einer überzogenen Religiosität äußern. Solch ein Mensch ist sehr gesetzlich und fanatisch. Denn seine Frömmigkeit steht im Dienst der Wiedergutmachung. Daher ist er starr in seiner Behauptung und zu keinem Kompromiß bereit. Nur seine Meinung gilt, nur er allein ist von der Wahrheit geleitet. Nur er...

Je nachdem, in welchem Umfeld der Mensch lebt, wird seine Betonung anders aussehen und sein Zwang sich anders gestalten. Wer nicht auf religiösem Gebiet zu kämpfen versteht, verschreibt sich dem sozialen Sektor. Dabei kommt es zu einer einseitigen, extremen Betonung. In leidenschaftlicher Solidarität setzt der Mensch sich ein, sei es für den Schwächeren, den Außenseiter der Gesellschaft oder auch für leidende Tiere. Seine Solidarität geht so weit, daß er sich mit der geplagten Maus und dem sterbenden Frosch identifiziert. Ja, er würde sein ganzes Vermögen opfern, um Frösche zu schützen.

Es soll hier nicht der Schutz der Natur gering geschätzt werden, er ist durchaus gut und notwendig. Aber die einseitig leidenschaftliche Betonung ist verdächtig. Denn letztlich ist dieser Mensch nicht mehr um Maus und Frosch bemüht, sondern um seine eigene Rehabilitation. Unbewußt geht es dabei um das Prinzip der Wiedergutmachung, um das Prinzip von Schuld und Sühne. Und da ist der eigentliche Motor seiner Leidenschaft.

Aber damit ist die Entwicklung noch nicht zu Ende. Es geht weiter. Der scheinbar selbstlose Einsatz oder die eifrige Frömmigkeit verleiten zum *Hochmut*. Dieser Mensch ist stolz auf seine Perfektion, stolz auf seine Frömmigkeit, stolz auf seine Solidarität mit den Schwächeren. Ist ein anderer gut, so ist er noch besser. Ist ein anderer fromm, so ist er noch frommer. Betet ein anderer eine Stunde, so er zwei.

Er entwickelt eine unglaubliche Technik, sich selbst — und oft genug auch andere — zu täuschen. Sein ausgeprägtes Geltungsbedürfnis treibt ihn zu immer neuen Kundgebungen. Die Folge davon ist: Er wird eitel. Vielleicht findet er sogar solche, die bereit sind, ihn zu bewundern oder gar nachzuahmen; denn seine Argumentationen klingen unter Umständen glaubhaft und überzeugend.

Doch in allem, was er tut, beobachtet er sich selbst. Nichts geschieht spontan. Überall lauert die *Selbstreflektion.* Er denkt unentwegt über sich selbst nach und beobachet ängstlich die Reaktionen der andern. So gilt seine größte Sorge der Frage: Was denkt der andere von mir?
Durch seine Überempfindlichkeit und sein schnelles Beleidigtsein ist es schwer, Freundschaft zu pflegen. Schon die Andeutung einer Kritik ruft erbitterten Widerstand hervor. Er ist überempfindlich, aber schnell bereit, einen andern zu verletzten, um einer möglichen Kritik zuvorzukommen.

Auf Grund der großen Verletzbarkeit lebt er innerlich auf Abstand. Hinter der inneren *Zurückgezogenheit* steckt die Angst, von einem anderen entdeckt zu werden. Auch wenn er nach außen aktiv und voller Betriebsamkeit ist, bleibt er doch innerlich distanziert und menschenscheu. Und diese *Menschenscheu* macht ihn letztlich unnahbar und unangreifbar.

Auf der einen Seite lebt er in der Defensive, aber zugleich ist eine große Sehnsucht nach Gemeinschaft in ihm. Doch auch diese Sehnsucht hat wiederum etwas Zwanghaftes, denn es ist eine überzogene Erwartung an den andern, wobei er den andern ganz in Beschlag nehmen will. Der andere soll zu seinem ureigensten Besitz werden, über den er allein verfügen und den er mit keinem andern zu teilen bereit ist. Und wenn er den Eindruck gewinnt, ein anderer könnte ihm zuvorkommen, reagiert er mit Eifersucht. So ist sein Alltag geprägt von einer *unrealistischen Lebenserwartung.* Solch eine Erwartung aber belastet die zwischenmenschliche Beziehung.

Wenn dieser Mensch zu einem Seelsorger kommt, macht er den Seelsorger zum Götzen. Eine Zeitlang wird der Ratgeber bemüht sein, den überhöhten Anforderungen des Ratsuchenden zu entsprechen. Aber bald wird er erkennen, daß ihm der Atem ausgeht, denn der andere ist dabei, ihn mit Haut und Haar zu verschlingen. Es gibt keine Grenze mehr, keinen privaten Raum, zu dem der andere nicht Zutritt begehrt. Der Helfer soll nicht nur Freund, er soll hundertprozentig Leibeigener werden, über den der andere alleine verfügt. Und wenn er merkt, daß die Beziehung nicht das erbringt, was er sich erhoffte, droht er mit Selbstmord, um auf diese Weise den andern zu zwingen.

Weil dieser Mensch niemals das empfangen kann, was er erwartet, ist er frustriert, enttäuscht, verbittert. Und diese Verbitterung treibt ihn in die *Einsamkeit.* Seine Einsamkeit wiederum führt zu Selbstmitleid, Neid, Verzagtheit und Depression. Er fühlt sich allein gelassen und sieht schließlich in seinem Leben keinen Sinn mehr. Die Angst vor dem Zerbruch der eigenen Integrität ist die Folge.

Dieser erste Wirbel, der aus 11 verschiedenen Stufen besteht, kann als *depressiver Kreislauf* bezeichnet werden.

b) Das Bündnis mit dem Tod — der Schuld-Strafe-Kreislauf.

Die Station der Einsamkeit kann in einen anderen — wiederum selbständigen — Doppelkreislauf übergehen, in das *Bündnis* mit dem *Tod,* oder den *Schuld-Strafe*-Kreislauf.

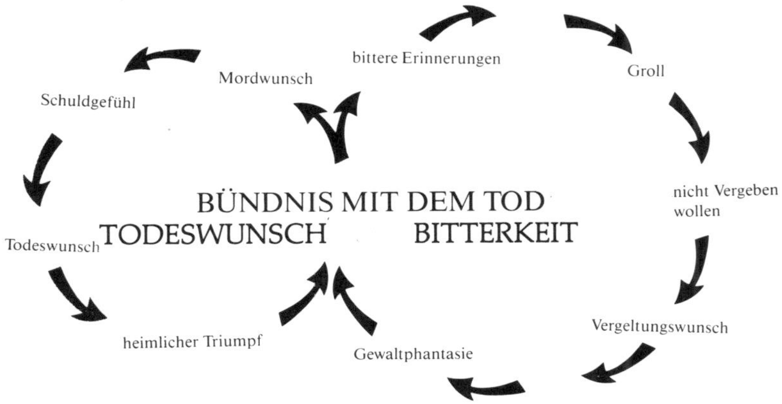

Zunächst ist es der Wunsch, diesem allen ein Ende zu setzen. Der *Todeswunsch* verspricht Hoffnung auf Befreiung. Man sieht keinen Ausweg mehr. Aber bald wird dieser Wunsch zu einem *heimlichen Triumph*. Hier ist eine Chance, eine Möglichkeit, sich einerseits an seiner Umwelt zu *rächen,* und zum anderen sein eigenes Versagen zu sühnen. So wird der Wunsch zur Waffe, mit der man insgeheim kämpft. Der Todeswunsch gebiert den *Mordwunsch.* Man nährt seine Seele mit den Nachrichten des Grauens und findet seine Lust an Bildern des Entsetzens. Es ist wie eine lustvolle Gier nach dem Negativen. Dahinter aber steckt der Gedanke: wenn es mir so schlecht geht, warum sollte es dann den anderen gut gehen! So wird das Unglück des andern zu einer gewissen Genugtuung. Und plötzlich sind sie da, diese geheimen, dunklen Gedanken, die sich an dem Unglück eines anderen freuen. Aber man darf sich ja nicht freuen, wenn ein anderer leidet. Man darf auch in Gedanken nicht den anderen morden. Und doch schlummert dieser Wunsch tief verborgen. Man hat Angst, ihn zu wecken. Und wenn er wach wird, versucht man, ihn schnell wieder zu unterdrücken. Mit diesem finsteren Geheimnis weiß sich der Mensch allein in seinem dunklen Kerker. Das schlechte Gewissen klagt an. So löst der Mordwunsch ein *Schuldgefühl* aus. Aber damit ist der geheime Wunsch, dem andern Böses zuzuführen, noch nicht zum Schweigen gebracht. Diese schattenhaften Gedanken sind einfach da. Sie kommen ungerufen und gehen schließlich nicht mehr weg. Sie nisten sich ein. Und das Schuldgefühl verstärkt sich in dem Maße, wie die Gedanken sich festigen.

Diese Gedanken können einen Menschen in einen derartigen Wirbel hineinzwingen, daß er meint, allein der Tod könne diesem verhängnisvollen Kreislauf Einhalt gebieten. So wird erneut der *Todeswunsch* genährt.

Auch dieser Kreislauf ist ein selbständiger Ablauf. Weil Mordwunsch ein schlechtes Gewissen erzeugt, fängt der Mensch an, sich anzuklagen, ja, sich selbst zu verfluchen. Am liebsten würde er sich töten, um von seinem schlechten Gewissen loszukommen. So nährt die Schuld den Todeswunsch. Und schon dreht sich der Mensch in seinem vertrauten Kreis. Der Zwang des Denkens verunsichert ihn. Er vergleicht sich. Minderwertigkeitsgefühle nagen an ihm; er reagiert mit Neid und Eifersucht, hat Angst zu erliegen; er klagt sich an und sucht zugleich einen Lebensersatz; er flieht in den Traum, versucht, sein Fehlverhalten wiedergutzumachen, blickt von oben auf andere herab und gefällt sich in seiner negativen, scharfen Kritik, mit der er alles hinunterzieht, was ihn zu überragen scheint, ängstlich darauf bedacht, von keinem überflügelt zu werden, von allen anerkannt zu sein. Weil ihm das nicht gelingt, zieht er sich zurück, voller Selbstmitleid.

Je stärker ein Mensch von diesem inneren Wirbel mitgerissen wird, desto größer ist die Angst. Die Angst vor Menschen. Sein Leben ist das eines Gefangenen. Der eigene Bewegungsradius wird immer begrenzter. Die Angst hält ihn wie in einem Würgegriff gefangen. Er hat Angst vor allem und vor jedem. Mit Vernunft kann er dieser Angst nicht mehr begegnen, vielmehr ist er seiner Angst völlig ausgeliefert. Die Angst vor dem Wahnsinn. Die Angst, an einer unheilbaren Krankheit zu leiden. Diese Angst steigert sich zu einer Phobie und bestimmt sein ganzes Verhalten. Diese Angst ist nicht mehr ein Teil seines Lebens, sein ganzes Leben ist Angst.

Er lebt in der *Angst* vor dem *Zerbruch* der eigenen *Integrität*. Dann hören wir Aussprüche wie: Ich habe Angst, verrückt zu werden. Das Selbst ist nahe daran, auseinanderzubrechen.

Dieser Zustand aber verunsichert ihn erneut und so schließt sich der Teufelskreis.

Bevor ein Mensch einen Seelsorger aufsucht, hat sich dieser Kreislauf bereits viele Male wiederholt, Hunderte von Malen. Wie ein geheimer Zwang. Ein Karussell des Bösen. Wie eine Schraube, die sich immer schneller dreht, bis man ihre einzelnen Windungen nicht mehr erkennt.

Und wenn man irgendeinen Punkt aus diesem Kreislauf herausgreift, um darüber mit dem Betroffenen zu sprechen, dann wird man nur zu bald erkennen, daß es gar nichts einbringt. Es ist wie eine unsichtbare Fessel, die den andern im Griff hält und ihn hinunterzwingt in die Dunkelheit, in unergründliche Tiefen, wie unsichtbare Fänge, die sich ausstrecken und sich in diesem Menschen festkrallen.

So kann man mit diesem Menschen über einzelne Problemfelder sprechen, über seinen Stolz und seine versteckte Eitelkeit, über Sexualität und Menschenfurcht, über Minderwertigkeitskomplexe und Selbstmordgedanken, über seine Schuldgefühle und seine zwanghafte Angst — aber erreichen wird man damit nichts. Der Kreisel wird sich weiter drehen und die Schlinge immer enger werden. Wie bei einer Acht greifen beide Kreise: Bitterkeit und Todeswunsch, ineinander.

c) Der aggressive Kreislauf

Mit diesen soeben geschilderten Kreisläufen ist das Bild jedoch noch immer nicht abgeschlossen. Wenn ein Kreislauf sich so oft wiederholt hat, daß er zu einem festen Bestandteil der Persönlichkeit geworden ist, kann ein weiterer Kreislauf hinzukommen: die *Abwehr* gegen andere Menschen, oder der *aggressive Kreislauf.*

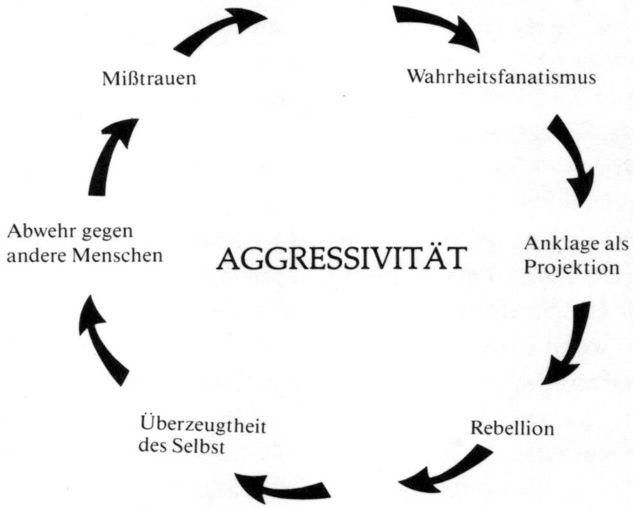

Weil dieser Mensch keinem anderen Einblick gewähren will in seine innersten Auseinandersetzungen, riegelt er sich ein und sät Mißtrauen. Alles, was ein anderer tut, wird von Mißtrauen beschattet. So sucht er stets Beweise, um das eigene Mißtrauen bestätigen zu können. Und wenn jemand flüstert, so ist er davon überzeugt, daß der andere etwas Negatives über ihn geäußert hat. Diese Verdächtigungen weiten sich immer mehr aus. Er glaubt sich von allen beobachtet. Und wenn gelacht wird, ist er davon überzeugt, es sei über ihn gelacht worden. Alles wird auf sich bezogen. Jede harmlose Geste erhält eine eigene Deutung. Das generelle Mißtrauen kann sich bis zur Verfolgungsidee steigern. Dabei herrscht die feste Überzeugung: alle sind schlecht und haben sich gegen mich verschworen.

Solch eine Einstellung führt zum *Wahrheitsfanatismus.* Dieser Mensch will alles ganz genau wissen. Um die eigene Verdächtigung bestätigt zu sehen, soll jeder Gedanke eines anderen verbalisiert werden. Und wenn er alles erfahren hat, glaubt er doch nicht, daß es der Wahrheit entspricht. So fragt er weiter, will aber nur das hören, was er selbst bereit ist zu glauben. Er versucht mit allen Mitteln, den andern unter seine Kontrolle zu bringen, und läßt ihm keinen Freiraum mehr. Er klagt an und verdächtigt, ohne dem andern eine Chance zu geben. In seinem Urteil ist er sicher und überheblich, so daß keiner ihn von seinem Thron herunterholen kann. Seine *Anklage* wird zur Rechtfertigung seines eigenen Verhaltens. Er steckt voller Kritik und voller Haß. Er projiziert seine eigene Vorstellung in den andern hinein, so daß es häufig zu völlig absurden Anschuldigungen kommt. Um sich selbst vor einem Angriff zu schützen, greift er an oder zieht sich beleidigt zurück, und damit macht er eine realistische Auseinandersetzung unmöglich.

In seiner lieblosen Kritik und unrealistischen Anschuldigung zeigt sich unverhüllt die *Rebellion.* Er lebt in einer Trotzhaltung, in der er alles verurteilt, was ein anderer meint. Sein Gericht ist wie ein Amoklauf, den niemand aufhalten kann. Er ist *überzeugt* von *sich selbst,* unbelehrbar, voller Hochmut und Uneinsichtigkeit. An seiner Selbstgerechtigkeit prallen alle Versuche einer Verständigung ab. Er ist absolut von der Richtigkeit seines Urteils überzeugt, so daß keine Diskussion möglich ist. Jeder Schuldverdacht wird von vornherein abgeblockt. Die Welt wird zum Feind, er aber zum Richter, wobei er sich durchaus als unschuldiges Opfer hinstellt, das

Mitleid verdient. So werden Anschuldigungen vorgebracht, die seiner Phantasiewelt entspringen und keinerlei Bezug zur Realität aufweisen. Da berichten beispielsweise Frauen von Vergewaltigungen, oder Männer schildern kriminelle Greueltaten , die niemals stattgefunden haben. Sie fühlen sich bedroht, verfolgt und angeklagt. Und wer die Zusammenhänge nicht durchschaut, läßt sich nur zu leicht von der Überzeugtheit verleiten, daß er zum Verbündeten wird und alles glaubt, bis er — irgendwann — stutzig wird.

Dieser aggressive Kreislauf kann sich bis zum Ausbruch einer Psychose steigern, in der der Mensch in seine eigene Welt abgleitet und für andere nicht mehr erreichbar wird. Sein Denken und Reden findet von da an auf einer anderen Ebene statt, zwischen der es keine Kommunikation mehr gibt. Und nach kurzen Zeiten des Erwachens kann er erneut von der Wucht der Gedanken eingeholt und gefangengenommen werden.

d) Der Kreislauf der BITTERKEIT

Der aggressive Kreislauf muß nicht zwangsläufig zu paranoiden* Ideen und Vorstellungen führen. Weitaus häufiger geht er in den Kreislauf der *Bitterkeit* über, der dem heimlichen *Groll* entspringt.

Es gibt verschiedene Übergänge, wie bei einem komplizierten Räderwerk, wo ein Rädchen ins andere übergreift und das Ganze in Bewegung hält.

Die Rebellion wird genährt durch *bittere Erinnerungen,* die ein Mensch aus seinem Leben zurückruft. Durchlittene Enttäuschungen werden zu Bitterkeit, Groll wird zum Haß. Und je größer der Haß, desto fester der Entschluß, *niemals* zu *ver-*

* *paranoid = wahnhaft*

geben. So wird heimlich ein *Vergeltungswunsch* gehegt. Weil aber dieser Wunsch nicht der moralischen Wertvorstellung entspricht, wird er ängstlich verborgen gehalten, denn er darf ja nicht sein. Der Wunsch, sich zu rächen, wird mehr und mehr ins Unterbewußte verdrängt. Plötzlich tauchen — doch diesmal mit verstärkter Gewalt — Zwangsgedanken auf. Diese Gedanken sind wie ein Befehl, einem andern Böses anzutun.

Solch eine *Gewaltphantasie* kann alle möglichen Formen annehmen. So kann etwa eine Mutter plötzlich von dem Zwangsgedanken überfallen werden, ihr eigenes Kind umzubringen. Scheinbar ganz unvermittelt taucht diese grauenvolle Zwangsvorstellung auf. Es mag sein, daß das Kind gerade ahnungslos auf dem Fußboden spielt, während die Mutter die Mahlzeit vorbereitet. Sie will Brot schneiden. Da ist es wie ein kurzer, zwingender Befehl: Stoß zu! Die Mutter legt verstört das Messer zur Seite aus Angst, sie könne diesem inneren Impuls Folge leisten.

Es muß nicht immer ein Mordgedanke sein. Die Gewaltphantasie kann sich auch anders äußern. Da wird beispielsweise ein junger Mensch urplötzlich von der Angst überfallen, der Mutter oder irgendeinem nahestehenden Menschen sei ein Unglück zugestoßen. Diese Angst lähmt so stark, daß der Betreffende kaum in der Lage ist, seine gewohnte Arbeit auszuführen. Er wird von dieser Angstvorstellung beherrscht, so daß er kaum noch etwas anderes denken kann. Wenn er sich dabei gerade auf Reisen befindet, kann er durch diese Vorstellung in Panik geraten und ganz überstürzt abreisen. Niemand versteht, warum er urplötzlich den Urlaub abbricht oder seine Pläne verändert.

Es ist nicht nur die Vorstellung, einem nahestehenden Menschen könne ein Unglück zugestoßen sein; man sieht sich selbst als Urheber dieses Unglücks an und gibt sich selbst die Schuld. Und je mehr ein Mensch gegen diese Vorstellung anzukämp-

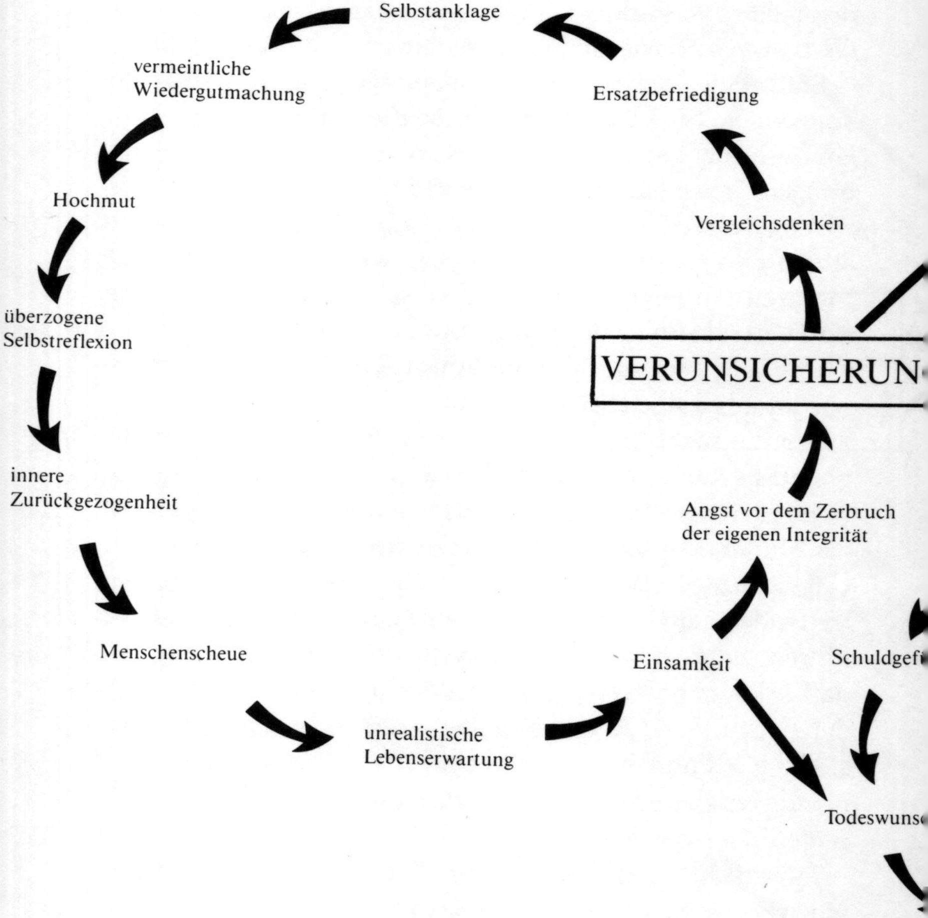

Selbstanklage
vermeintliche Wiedergutmachung
Ersatzbefriedigung
Hochmut
Vergleichsdenken
überzogene Selbstreflexion
VERUNSICHERUN
innere Zurückgezogenheit
Angst vor dem Zerbruch der eigenen Integrität
Menschenscheue
Einsamkeit
Schuldgef
unrealistische Lebenserwartung
Todeswuns

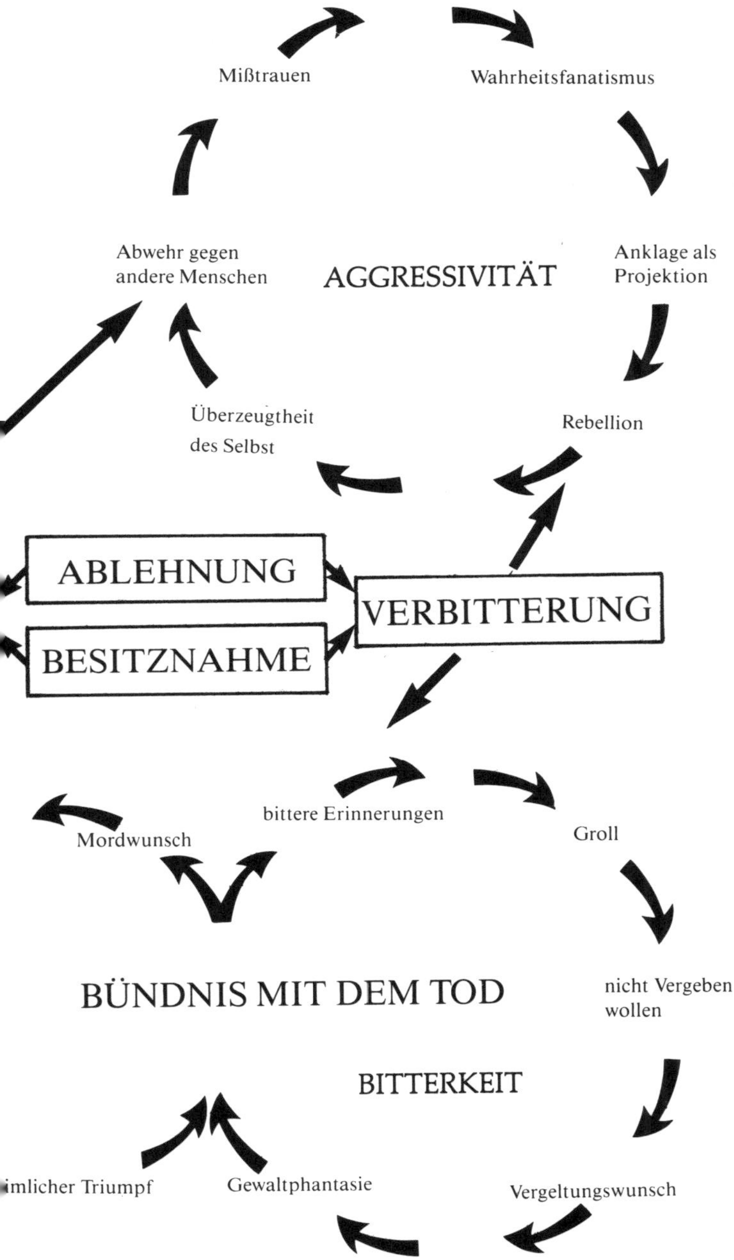

Mißtrauen
Wahrheitsfanatismus
Abwehr gegen andere Menschen
AGGRESSIVITÄT
Anklage als Projektion
Überzeugtheit des Selbst
Rebellion
ABLEHNUNG
BESITZNAHME
VERBITTERUNG
bittere Erinnerungen
Mordwunsch
Groll
BÜNDNIS MIT DEM TOD
nicht Vergeben wollen
BITTERKEIT
imlicher Triumpf
Gewaltphantasie
Vergeltungswunsch

fen versucht, desto mehr wird er darin verstrickt, bis er sich schließlich voller Empörung gegen Gott wendet. Aus dem Alten Testament weiß er, daß *Rebellion* gegen *Gott* mit dem Tod bestraft wird. So kommt es erneut zu einem *Bündnis* mit dem *Tod;* denn dieser Mensch spricht über sich selbst das Urteil. Nur durch den Tod kann seine Schuld gesühnt werden.

All diese Gedanken sind wie ein Zwang. Sie krallen sich in der Persönlichkeit fest.

Auch dieser Kreislauf läuft selbständig ab. Haß und Verbitterung sind ein schwankendes Fundament; genährt von der inneren Einsamkeit, beginnt der Kreislauf von neuem. So greift eins ins andere, ein Wust von Gefühlen. Und in dem tiefsten, dunklen Abgrund wird dieser Mensch wie mit unsichtbaren Händen festgehalten und gekettet. Das Leben ist zum Feind geworden, zu einem Feind, gegen den man sich zur Wehr setzt, um dann sein eigenes Urteil zu sprechen: gescheitert. Der Mensch ein Gefangener, der in seinem einsamen Kerker in Ketten liegt.

All das sind Teufelskreise, im wahrsten Sinne des Wortes, Kreise, die ineinander übergreifen und tief miteinander verwurzelt sind, ein tobendes Meer voller gefährlicher Strudel, die das Opfer packen und unweigerlich mit sich in den Abgrund reißen.

Und je verzweifelter der Mensch sich gegen die Umklammerung wehrt, desto unbarmherziger wird er von der Kraft der Gewalten gepackt. Es ist ein negativer Sog, ein Tosen und Brodeln von Mächten, denen der Mensch nicht mehr gewachsen ist. Keine selbstgeschmiedete Waffe reicht aus, ihren Bann zu brechen.

Wie kommt es zu diesem Kreislauf?

Der geheime Bann

Was steckt hinter diesem verhängnisvollen Kreislauf?

Manchmal hat man den Eindruck, als laste ein Fluch auf dem Leben dieses Menschen. Es ist wie ein Bann, aus dem er sich einfach nicht befreien kann. Und wenn man in der Familiengeschichte forscht, kann man häufig erfahren, daß schon seit Generationen eine belastende Familienkonstellation besteht. Dann heißt es: Mein Großvater war genauso veranlagt wie ich; meine Großmutter hatte eine ganz ähnliche Entwicklung.

Und in der Tat, wer die Zusammenhänge nicht erkennt, wird die Belastung an die kommende Generation weitergeben, bis eine Generation die andere mit sich reißt in einen unheilbringenden Wirbel, in einen Strudel, der den Menschen in den Abgrund zieht.

Vielleicht führt dieser Mensch nach außen hin ein Leben, ohne besonders aufzufallen. Nur hin und wieder, wenn er von einer depressiven Phase heimgesucht wird oder die Angstzustände übermächtig hereinbrechen, dann merkt man, daß irgend etwas im Leben dieses Menschen nicht stimmt. Und man stellt fest, letztlich ist dieser Mensch nicht fähig, das Leben zu leben. Er selbst leidet an dem Gefühl, das Leben zu vergeuden. Er läuft von einem Seelsorger zum andern, ohne Befreiung zu finden. Er wird von einem Arzt zum andern weitergereicht. Ohne Erfolg. Man versucht, diese oder jene Symptome zu behandeln, aber das eigentliche Übel bleibt verborgen. Es hilft nichts, das eine oder andere Symptom anzugehen. Hier muß eine Wurzelbehandlung erfolgen. Was aber ist die geheime Wurzel? Bevor man sie herausreißen kann, muß man wissen, was und wo diese Wurzel ist.

Unserer Beobachtung nach handelt es sich um zwei Wurzeln, die diesen ganzen verhängnisvollen Kreislauf ankurbeln und in Bewegung halten. Zwar gibt es noch kleinere Nebenwurzeln, aber der eigentliche Nährboden, dem die negative Kraft entspringt, ist die *Ablehnung* und die *Besitznahme* durch einen andern.

Ich will dich nicht

Beginnen wir mit dem Abgelehntwerden. Da ist zunächst die direkte Ablehnung durch einen anderen Menschen. Zumeist handelt es sich dabei um das Abgelehntwerden durch die eigene Mutter.

Es gibt verschiedene Gründe, warum eine Mutter ihr Kind ablehnt. Und das ist nicht einmal selten. Es mag sein, daß die Schwangerschaft ungewollt war. Vielleicht hatte sie sich gegen die Zeugung gewehrt oder aus Hilflosigkeit in die Vereinigung eingewilligt. Vielleicht war es eine heimliche außereheliche Beziehung und der Mann nicht der rechtmäßige Partner. Vielleicht lehnte sie generell Kinder ab, weil sie sich nicht fähig glaubte, Mutter zu sein. Auch Angst kann ein Motiv werden. Sie will die Schmerzen der eigenen Kindheit nicht wiederholen. Oder — und das gibt es häufig — sie möchte selbst Kind bleiben und ist nicht bereit, Verantwortung für ein anderes Leben zu übernehmen. So wehrt sie sich dagegen, erwachsen zu sein. Vielleicht sind es ganz vordergründige, egoistische Motive: Sie will das Leben genießen. Wenn Kinder da sind, weiß sie sich gebunden. Da muß sie auf vieles verzichten und kann sich nicht all das leisten, was ihrer Meinung nach zu einem glücklichen und erfüllten Leben gehört. Sie ist nicht bereit, ihr eigenes Leben zu schmälern. Im Gegenteil, sie will es voll ausschöpfen. Wie kann sie dann dieses werdende Leben in sich akzeptieren? Denn zum Opfer ist sie nicht bereit.

Diese Ablehnung lastet wie ein Fluch auf dem noch ungeborenen Leben. Bevor es sichtbar werden kann, kämpft es schon gegen eine dunkle Macht — und ist ihr unterlegen.

Und wenn das Kind zur Welt geboren wird, kommt irgendwann der Augenblick, an dem diese stumme Ablehnung in Worte gekleidet wird. Das Kind muß erfahren: Ich bin nicht erwünscht. Solch ein Bewußtsein schafft eine große Verunsicherung. Was soll das Kind tun? Es kann ja nicht zurück!

Es mag sein, daß der Mutter diese Ablehnung nicht einmal voll bewußt wird. Und wenn man sie darauf anspräche, würde sie sich unter Umständen mit Entschiedenheit dagegen wehren. Oder wenn sie ein Gefühl der Ablehnung in sich aufsteigen spürt, versucht sie vielleicht, mit einem Übermaß an Zuwendung ihr schlechtes Gewissen zu beruhigen. Aber diese überstarke Zuwendung hinterläßt ein Unbehagen. Denn irgendwo ahnt das Kind, daß es im Grunde nicht angenommen ist. Und wenn die Mutter sagt: »Komm!« meint sie doch im tiefsten »Geh!« Jeder Zeitaufwand wird lästig. Das Kind ist im Weg. Es hindert die Mutter in ihrer sogenannten »Selbstentfaltung« oder »Selbstverwirklichung«. Das Kind erinnert an den Alltag, an Arbeit, an häusliche Pflicht. Gut, es gibt noch Kinderkrippen und Tagesmütter oder andere Abstellplätze für die Kleinen. Irgendwie wachsen sie schließlich heran. Aber sie gehören letztlich nicht dazu. Sie sind nicht willkommen. Und das kann nicht geheim gehalten bleiben.

Später dann erinnert das Kind vielleicht in seinem Wesen oder dem Aussehen an die Schwiegermutter, mit der die Mutter sich nie recht verstand; oder es ähnelt im Charakter dem Großvater, den die Mutter letztlich ablehnte. Und so überträgt die Mutter unbewußt diese Ablehnung auf ihr eigenes Kind. Weil sie die Schwiegermutter oder den Vater ablehnt, wehrt sie sich auch gegen das Kind, das ähnlich ist wie diese. Dann hört das Kind: »Du siehst genauso aus wie deine Großmutter« oder »du wirst noch mal genauso wie dein Großvater.« Und die Schwingung im Ton zeigt an, daß damit nichts Gutes gemeint sein kann. Das Kind erschrickt und zieht sich zurück. Es will ja ein eigenständiges Ich sein, nicht Abbild von diesem oder jenem.

Wenn es nun wiederholt mit einem anderen verglichen wird, fühlt es sich verpflichtet, in der Tat so zu sein oder sich diesem Bild entgegengesetzt zu verhalten. Je häufiger es in diese Bestimmung hineingedrängt wird, desto weniger wird es ihm gelingen, sein eigenes Ich zu bilden und sein Selbst zu entfalten.

Neben der direkten Ablehnung gibt es auch eine indirekte Ablehnung. Diese Ablehnung besteht nicht in Worten und äußert sich auch nicht unbedingt in einem negativen Gefühl. Bei einer indirekten Ablehnung sind die Kinder da, ohne daß man von ihnen Notiz nimmt. Sie werden hingenommen — aber nicht geliebt. Das Leben läuft weiter — und sie laufen mit. Beinahe nebenbei. Sie werden versorgt. Aber diese Sorge kann auch einem andern übertragen werden, je nachdem, wie es die Situation gerade zuläßt. Die Kinder spielen bei der Lebensgestaltung und Planung einfach keine Rolle. So wird das Kind verunsichert und fragt sich: Lieben mich meine Eltern überhaupt? Und wenn sie mich lieben, warum zeigen sie es nicht?

Unsere Kommunikation besteht aus Sprache und Gefühl. Wenn das eine oder andere fehlt, oder gar das eine sich nicht mit dem andern deckt, wird das Kind verunsichert.

Die Eltern mögen ein großes Ziel anstreben, ja, sie können sich damit rechtfertigen, daß das alles nur darum geschieht, um ihrem Kind eine bessere Zukunft zu geben — das

Kind versteht nichts von einer fernen Zukunft. Es braucht seinen Vater und seine Mutter jetzt. Aber wenn die Eltern keine Zeit für die kleinen Probleme ihres Kindes haben, wie kann es dann glauben, geliebt zu sein?

Wenn ich geliebt werde, dann bin ich einem anderen wichtig. Und wenn ich einem anderen wichtig bin, dann wird er Zeit für mich haben. Dann wird ihm nichts zu viel werden. Dann wird er sich freuen, mit mir zusammen zu sein. Aber dieses Gefühl wird dem Kind nicht gegeben.

Das ist ein großes Problem in vielen christlichen Elternhäusern, wo beide Eltern in irgendeiner Weise aktiv in der Gemeinde mitarbeiten. Da ist der Vater wie ein Gast in seinem eigenen Zuhause. Das Recht der Kinder auf ihre Eltern wird einfach übersehen. Die Kinder müssen zurückstehen.

Wie manche Heranwachsende haben sich bitter über ihre Eltern beklagt, sie fühlten sich verraten und fingen an, diesen Gott zu hassen, der ihnen den Vater nahm oder die Mutter. Aber — war es wirklich Gott, der da gerufen hatte und den Vater mit Ämtern überhäufte? War es nicht vielmehr der eigene Geltungsdrang, daß man diesen Posten annahm und auch jenen, dort zusagte und da nicht fehlen wollte. Den andern wollte man nicht verletzten. Aber daß man die eigenen Kinder verstieß, beachtete man nicht. Und wenn der Vater endlich nach Hause fand, war er nervös, nicht ansprechbar, mit Dingen beschäftigt, die ihm wichtiger waren als sein eigenes Kind.

Ein Kind möchte geliebt werden. Es möchte beachtet werden und anerkannt. Es möchte, daß man Zeit findet, um mit ihm seine kleine Welt zu erobern. Es braucht diese schützende Geborgenheit. Es braucht dieses Wissen, geliebt zu sein.

Das heißt ja nicht, daß wir uns stundenlang mit den Kindern beschäftigen müssen, um ihnen immer wieder etwas Neues anzubieten. Aber wenn ein Kind sich gesund entwickeln soll, dann muß es wissen, daß es von seinen Eltern geliebt wird. Dieses Wissen sollte etwas ganz Selbstverständliches sein. Und es wird selbstverständlich, wenn im Alltag dafür Beweise vorhanden sind. Es braucht oft nicht viel. Ein paar Ideen, ein wenig Phantasie — und ein Kind ist glücklich. Es weiß sich geborgen. Die Liebe gibt dem Kind Sicherheit und Geborgenheit. Ablehnung aber verunsichert zutiefst. Ganz gleich, ob diese Ablehnung sich nun in Worten zeigt oder im Gefühl oder ob sie sich in einer Gleichgültigkeit äußert.

Ein Kind, das sich von seiner Mutter oder seinem Vater abgelehnt fühlt, wird ängstlich darauf bedacht sein, die Liebe auf irgendeine Weise zu verdienen. Da wird der Wunsch, geliebt zu werden, zum Zwang. Man wirft sich dem anderen gleichsam zu Füßen, um ihm hörig zu sein und somit die Liebe zu zwingen.

Solch eine Beziehung zu sehen, ist schmerzlich.

Da ist ein vierzigjähriger Mann. Er ist unverheiratet. Sein Leben lang wurde er von seiner Mutter abgelehnt; denn die Beziehung, aus der er hervorging, war auseinandergebrochen. So war dieser Sohn wie ein stummes Mahnmal, gegen das die Mutter sich vierzig Jahre lang wehrte. Sie hatte ihrem Sohn immer wieder zu verstehen gegeben, daß sie ohne ihn glücklicher wäre. Aber dieser Sohn hatte es einfach nicht geschafft, sich von seiner Mutter zu lösen.

Es ist wie ein Bann, den er nicht durchbrechen kann. Er weiß sich weder verstanden, noch von seiner Mutter geliebt, und doch ist er ihr hörig, total ausgeliefert.

Er wagt es nicht, sein eigenes Leben aufzubauen aus Angst, die Mutter könnte dadurch zusammenbrechen. Wie oft hatte er sich gewünscht, die Mutter wäre nicht mehr da, um endlich frei sein zu können. Aber bei dem Gedanken, die Mutter könnte eines Tages wirklich nicht mehr da sein, erstarrt er vor Entsetzen. Er hat Angst, sein geheimer Wunsch könnte

Wirklichkeit werden, als hätten seine Verwünschungen den Tod der Mutter bewirkt. Dann wäre er ja zum Mörder geworden an seiner eigenen Mutter. Doch in Gedanken hat er ihr schon tausendmal den Tod gewünscht. Um sein schlechtes Gewissen zu übertönen, bietet er sich an und tut alles, was die Mutter von ihm verlangt. Er ist ihr völlig ausgeliefert. So zieht er es vor, in einer unerträglichen Spannung sein Leben mit ihr zu teilen, als ohne sie sein eigenes Leben zu gestalten.

Natürlich sagt er sich: »Ich bin jetzt auch älter geworden. Im Grunde habe ich nicht mein Leben gelebt, sondern das Leben meiner Mutter.« Und eine tiefe Bitterkeit steigt in ihm auf. Aber trotzdem schafft er es nicht, die Konsequenzen zu ziehen und sich von ihr zu trennen.

Kinder, die sich von ihren Eltern geliebt wissen, trennen sich viel leichter von ihnen. Da ist keine Einengung. Und kein Bruch. Vielmehr ein getragenes Wissen, das dem Leben ein festes Fundament verleiht. Und dieses gegenseitige Vertrauen macht es leicht, den eigenen Weg zu finden. Das ist der Segen der Eltern, der den Kindern Häuser baut.

Du gehörst mir

Die zweite Wurzel, die den negativen Kreislauf der Gefühle speist, ist die Besitznahme des Kindes. Bei mehr als 70% ist es die Mutter, die das Kind als ihr Eigentum betrachtet. Da wird das Kind zum Partnerersatz, dem man die eigene Last aufbürdet. Das Kind wird zum Vertrauten, zum Seelsorger, dem man sein Herz ausschüttet. Und weil das Kind noch formbar ist, wird es in die eigene Idealvorstellung hineingezwängt. Die Mutter hat ein ganz bestimmtes Bild: So soll mein Kind werden. Und dann wird das Kind diesem Bilde gleich gemacht.

Nicht die Veranlagung des Kindes ist entscheidend, sondern das Bild der Mutter, dem das Kind entsprechen soll.

Die Vorstellung der Mutter kann auf zwei verschiedene Weisen verwirklicht werden: einmal durch eine bestimmende, dominierende Art, zum andern durch Gefühl. Bei beiden Erziehungsmethoden fühlt sich das Kind entmachtet. Es ist naturgemäß der Verlierer.

Hier will ich nicht der antiautoritären Erziehung das Wort reden. Aber Autorität ist noch etwas anderes als autoritär. Ein Kind braucht bis zu einem gewissen Alter eine Autorität. Eine Autorität setzt Grenzen. Eine autoritäre Erziehung dagegen unterjocht. Eine Autorität läßt genügend Raum zur Entfaltung. Sie fördert die Entwicklung und gibt dem Leben Festigkeit und damit Beständigkeit und Standhaftigkeit. Eine autoritäre Person aber setzt sich selbst zum absoluten Maßstab; sie dominiert, d. h. macht den anderen zum Sklaven. Sie duldet keinen Widerspruch, ist zu keinem Kompromiß bereit, ihr Urteil ist unumstößlich. Sie zwingt und engt ein und läßt keinen Raum zur freien Entfaltung.

In diesem Fall sprechen wir von der Mutter, wobei es natürlich ebenso gut auf den Vater zutreffen kann. Nur bleibt in der Regel bei der Erziehung der Vater aus beruflichen Gründen mehr im Hindergrund, so daß die Erziehung der Kinder vorwiegend in den Händen der Mutter liegt.

Eine dominierende Mutter weiß alles besser, trifft alle Entscheidungen selbst und hält ihre Kinder bis ins Alter in der Unmündigkeit. Was auch immer die Kinder unternehmen, taugt nichts. Sie weiß es besser, kann alles besser und führt die schon begonnene Arbeit der Kinder selbst zu Ende, weil es viel schneller geht. Dadurch aber schafft sie eine fortlaufende Entmutigung. Das Kind wird vollkommen von der Mutter abhängig, und schließlich ist das Kind selbst davon überzeugt, daß es ohne die Mutter nichts ist und nichts kann.

Als Folge davon schafft dieses Kind es nicht, sich von der Mutter zu lösen, um ein eigenständiges Leben aufzubauen. Und wenn es endlich gelingt, dann doch mit schlechtem Gewissen. Oft bleibt die Mutter noch als Über-Ich selbst in der Ehe weiter bestehen. In allen Entscheidungen nimmt der junge Mensch heimlich Rücksprache mit der Mutter und fragt sich: Wie hätte meine Mutter in diesem Fall gehandelt? So trifft der inzwischen erwachsen gewordene Mensch noch immer nicht die Entscheidungen nach eigenem Ermessen, sondern paßt sich dem Urteil der Mutter an. Die Mutter ist zu seinem zweiten Ich geworden. Im Laufe der Jahre ist das Kind so programmiert worden, daß es auch später ganz genau weiß, wie seine Mutter reagieren würde. Und so geschieht es.

Wenn ich einen anderen beherrsche, dann mache ich mich zum Herrn über ihn. Wenn ich Herr bin, so ist der andere mein Knecht. Ein Knecht aber ist nicht frei. Und wenn ein Mensch stets dazu angehalten wird, den Willen eines andern auszuführen und dabei den eigenen zu unterdrücken, so schafft das Verbitterung und Aggression. Entweder resigniert der Mensch und fügt sich dem Stärkeren, er paßt sich an; oder aber er lehnt sich auf und kämpft. Wenn aber eine Dominierung noch mit dem Gefühl untermauert wird und sogar Gott als Erziehungsmittel herangezogen wird, bleibt die Katastrophe nicht aus. Solch eine Erziehung verunsichert einen Menschen bis in die Grundfesten. Es kommt zu einem emotionalen Konglomerat zwischen Verunsicherung und Verbitterung. Und so kann der Kreislauf seinen Anfang nehmen.

Eine dominierende oder auch besitzergreifende Mutter muß nicht immer stark und mächtig auftreten. Auch in ihrer Schwachheit kann sie herrschen und mit dem Gefühl ihr Kind gefügig halten. Ja, ihr Schweigen kann beredter sein als viele Worte. Und das ist beinahe noch verhängnisvoller, denn sie erdrückt mit dem, was sie dann Liebe nennt. Mit dieser Liebe zwingt sie ihr Kind. Und wenn das Kind in irgendeinem Punkt nicht dem Bilde der Mutter entspricht, reagiert die Mutter mit Enttäuschung, mit Wut, mit Liebesentzug — oder sie wird krank. Um die Liebe der Mutter zurückzugewinnen oder ihr die Schmerzen einer Krankheit zu ersparen, willigt das Kind ein und fügt sich der Vorstellung der Mutter. Später genügt schon der Gesichtsausdruck der Mutter, um dem Kind mitzuteilen, ob sein Verhalten dem Bild der Mutter entspricht oder nicht. Ein Seufzen, ein Blick — und das Kind ist in seinem eigenen Wollen gelähmt und gefügig. Im Laufe der Jahre wird solch ein Kind immer leichter manipulierbar. Es weiß genau, was die Mutter will. Der Tonfall der Stimme genügt. Es denkt die Gedanken der Mutter und fühlt das Gefühl der Mutter. Es ist in der Tat Leibeigener geworden, privater Besitz seiner Mutter.

Zunächst wehrt sich das Kind. Aber ein geheimer Zwang hält es fest. Dieser Zwang hält es noch fest, wenn es fünfzig ist oder schon sechzig. Es ist ganz auf die Mutter ausgerichtet, ja, auf die Mutter fixiert. Wie die Nadel beim Kompaß.

Wenn es der Mutter gut geht, atmet das Kind auf. Geht es ihr schlecht, ist auch das Kind niedergedrückt. Es weiß ganz genau, wie es der Mutter geht, auch wenn Hunderte von Kilometern dazwischen liegen. Das Kind spürt, was die Mutter will, auch wenn die Mutter gar nichts sagt. Es ist fast wie bei einer Telepathie, eine geheime Gedankenverbindung, gesteuert vom Gefühl, dem das Kind gehorcht. Es tut den Willen der Mutter und entspricht ihrem Wunsch — auch wenn es sich dagegen wehrt.

Wenn man die Mutter daraufhin anspräche, würde sie solch eine Unterstellung weit von sich weisen, denn sie hat ja nichts gesagt. Also ist sie unangreifbar. So wird das Kind allein gelassen mit dem überstarken Gefühl, gegen das es sich nicht wehren, dem es sich nur unterwerfen kann. Die Kraft der Mutter ist wie ein Sog, der das Kind zwingt, den Willen der Mutter auszuführen.

Erziehungspersonen, die mit solch einer Taktik arbeiten — auch wenn es unbewußt geschieht —, handeln letztlich nicht anders als die Medizinmänner und Zauberer in heidnischen Völkern. Sie setzen ihre seelische Kraft ein, um andere zu beeinflussen und für ihre eigenen Zwecke gefügig zu machen.

Ich für dich — du für mich

Eine einengende, suggestive Beziehung kann sich noch komplizierter gestalten, wenn beispielsweise zwischen Mutter und Kind ein gegenseitiges Abhängigkeitsverhältnis besteht.

Marion war das jüngste Kind von vier Geschwistern und als Nachkömmling der Trost der alten Mutter, die durch einen Unfall ihren Mann verloren hatte. Als Marion fünf Jahre alt war, erkrankte sie an Kinderlähmung und war Tag und Nacht auf die Hilfe der Mutter angewiesen. Galt Marion schon vorher als Besitz der Mutter, so war es jetzt wie ein ungeschriebener Vertrag: »Ich für dich — und du für mich.« Diese gegenseitige Abhängigkeit blieb auch noch bestehen, als Marion inzwischen wieder gelernt hatte, ihre eigenen Beine zu gebrauchen. Ja, oft hatte sie den Eindruck, die Mutter sehne sich nach den Tagen zurück, an denen sie völlig auf ihre Hilfe angewiesen war. Ihr selbst unbewußt, brauchte die Mutter die Krankheit der Tochter, um ihren verlorenen Lebensinhalt zurückzuerobern. Ging es der Tochter schlecht, lebte die Mutter auf. Fühlte sich die Tochter stark und gesund, wurde die Mutter krank und versuchte, die Tochter für sich gewinnen.

Eines Tages heiratete Marion. Aber zuvor hatte sie der Mutter das Versprechen geben müssen, sie nie im Stich zu lassen. Und als Marion selbst Mutter wurde, war sie innerlich zerrissen. Sie wollte für ihre Kinder da sein und konnte doch ihre Mutter nicht zurückstoßen. Aber sie konnte nicht für beide in gleichem Maße da sein. Schließlich holten sie die alte Mutter zu sich. Aber Marion wurde zusehends nervöser. Oft schrie sie ihre Kinder völlig grundlos an. Und wenn sie sah, wie die Großmutter mit ihren Enkeln spielte, fuhr Marion gereizt dazwischen und zwang die Kinder, mit zum Einkaufen zu fahren oder irgend etwas zu unternehmen.

»Meine Kinder sollten es einmal besser haben, als ich, darum wollte ich sie vor dem Einfluß meiner Mutter schützen«, gestand sie und fuhr fort: »Es sollten meine Kinder sein — nicht ihre.«

Enthüllt sich hier nicht ein erschütterndes Bild? Sie wiederholte genau das, was sie an ihrer eigenen Mutter so leidenschaftlich abgelehnt hatte. Und jetzt seufzte sie genau wie ihre Mutter, um ihre Kinder zum Gehorsam zu zwingen. Sie wurde krank, um ihre Kinder an sich zu binden. Sie arbeitete mit genau den gleichen starken Einsuggerierungsmethoden, die sie bei ihrer Mutter gelernt hatte. Und dabei sagte sie: »Meine Kinder sollten es einmal besser haben.«

Ja, aber hatte ihre eigene Mutter nicht auch so gedacht? Waren das nicht ihre Worte?

Wie oft haben Mütter vor mir geklagt: »Ich wünschte, meine Kinder wären noch um mich wie damals, als sie noch klein waren.« Kinder sind keine Puppen. Sie sind kein Spielzeug, das man um sich haben kann. Sie sind auch kein Besitz, über den man nach eigenem Gutdünken verfügen kann.

Kinder werden hilfsbedürftig gemacht, um sie nicht zu verlieren. In übergroßer Fürsorge werden sie von der Mutter umgeben. Und dann heißt es: »Ich habe alles für dich getan. Ich habe mich aufgeopfert.« So will man den andern sich selbst zu Dank verpflichten. Und wenn der Dank nicht so erstattet wird, wie man es erhofft hatte, so wird der ungeschriebene Vertrag durch Leidensmiene und Krankheit in Erinnerung gebracht. So appelliert die Mutter an ihr Kind: »Ich brauche dich. Du siehst doch, wie ich auf dich angewiesen bin. Du kannst doch nicht so hart sein und mich im Stich lassen!«

Warum braucht eine Mutter ihr Kind — anstatt es zu lieben?

Vielleicht war die Ehe nicht glücklich. Nun sucht sie Trost und Verständnis bei ihrem Kind. Der Partner hat ihr nicht die Erfüllung gegeben, die sie sich erhofft hatte, so klammert sie sich an ihr Kind. Da wird das Kind zum Lebensinhalt, zum Götzen gemacht. Da sucht sie Heimat in ihrem Kind und pflanzt ihre eigenen Wurzeln tief in das Herz ihres Kindes, um ihrem Leben einen Halt zu geben.

Vielleicht auch war sie selbst Opfer solch einer verwickelten Beziehung und sucht Zuflucht bei ihrem Kind. Dann klagt sie ihm: »Ich hab mich nie mit meiner Mutter verstanden. Wir paßten einfach nicht zusammen. In ihrer Gegenwart konnte ich mich nicht entfalten. Ich wehrte mich gegen sie. Jetzt bin ich froh, daß du da bist ...«

Und das Ergebnis? Sie flieht aus den Fängen ihrer Mutter und umschlingt ihr eigenes Kind. Und diese Umschlingung wird erneut zur Falle — doch diesmal für ihr Kind. So setzt sich das Böse fort von Generation zu Generation. Und einer erkrankt an dem Leiden des andern. Denn wo immer die Ordnung Gottes verletzt wird, gibt es Chaos und Leid und Verzweiflung.

Die geheime Taktik

Die Kraft, mit der eine Mutter ihr Kind zwingt, ist eine starke Einsuggerierungstaktik, eine seelische Vergewaltigung. Von klein auf wird diesem Menschen einsuggeriert, wie er zu sein hat. Es wird solange an ihm herumgenörgelt, herummanipuliert, bis dieser Mensch dem Bild entspricht, das die Mutter als Ideal vor sich sieht. Und dieses Bild wird hingestellt, als wäre es göttliche Bestimmung.

Anstatt die Kinder an Gott zu binden, bindet man die Kinder an sich selbst, weil das bequem ist und angenehm. Aber somit macht man sich zum Gegenspieler Gottes. Und was das Verhängnisvolle noch unterstreicht: daß nur zu oft dieser Gott als Verstärkung der eigenen Bemühungen herangezogen wird. Solch einer Übermacht ist ein Kind total ausgeliefert. Es bleibt ihm nichts anderes übrig, als sich zu ergeben.

Und wenn es sich dem Zugriff zu entziehen sucht, wird es von Schuldgefühlen geplagt. Der Zwang, der das Kind bindet, wird zum Gewissenszwang. So wird selbst das Gewissen des Kindes gesteuert und fehlgeleitet, bis es nicht mehr fähig ist, sich zu orientieren. Es entscheidet allein nach dem, was der starke Wille von ihm fordert, und macht allein diesen Willen zum Maßstab. Das Gewissen ist wie ein Kompaß, der die Richtung nicht mehr angeben kann, weil ein Erzlager die Nadel in eine andere Richtung zwingt.

So stehen diese Kinder unter einem Bann.

Solch eine Beziehung finden wir aber nicht nur in dem Verhältnis zwischen Mutter und Kind, auch in einer Ehe zwischen Mann und Frau oder unter Freunden begegnen wir häufig einer zwingenden Manipulation. Der eine hat eine feste Vorstellung, wie der andere zu sein hat. Er sieht nicht den Mann oder die Frau oder den Freund in seiner Einmaligkeit. Es wird das eigene Bild auf ihn übertragen und dann solange an ihm herumkritisiert, geschliffen und geseufzt, bis dieses Bild allmählich erkennbar wird.

Diese Menschen geben keine Ruhe. Ständig finden sie irgend etwas, was nicht in ihre Vorstellung paßt, und wenn es die Frisur ist, die Kleidung, das Lachen oder Weinen, der Gang, die Art zu essen,sich zu bewegen. Der andere ist zu freundlich oder zu zurückhaltend, zu laut oder zu leise, zu redsam oder zu schweigsam, dies ist falsch und jenes nicht richtig.

Der manipulierende Wille ist wie eine Macht und wirkt wie ein Zauber. Da sitzt das Ich auf seinem Thron und erwartet für sich göttliche Verehrung. Sie tun, als wollten sie Gott dienen, aber letztlich rauben sie, was ihm gehört.

Welch eine Anmaßung, einen anderen nach seinem eigenen Bild umformen zu wollen! Welch ein Egoismus! Welch ein Verbrechen! Sie setzen sich damit an die Stelle Gottes und wollen sein wie Gott.

Der eine fühlt sich betroffen und wird bestätigen: Genau das ist meine Situation, das ist meine Geschichte.

Und der andere wird die Anschuldigungen weit von sich weisen, er wird sich wehren: Ich habe es nur gut gemeint. Aber auch von unserem Guten müssen wir befreit werden.

Es geht hier nicht darum, den einen oder anderen anzuklagen, es geht darum, den Gefangenen in die Freiheit zu führen. Und Opfer sind sie letztlich beide: der Jäger und der Gejagte.

An Gott gescheitert

Eine Fremdsteuerung kann auch in einer sogenannten religiösen Erziehung praktiziert werden. Und hier wirkt sich solch eine Fernlenkung besonders verhängnisvoll aus. Da wird das

Gute gemischt mit dem Bösen und das Produkt als christlich verkauft. Als müßten die Kinder in ein religiöses Vollbad getaucht werden.

Mit wie vielen jungen Menschen habe ich zu tun, die sagen: »Mein Vater ist Pastor« oder »meine Eltern sind Missionare.« Und jetzt möchten sie nichts mehr mit dem christlichen Glauben zu tun haben. Und doch kommen sie nicht davon los, auch wenn sie äußerlich dagegen kämpfen. Und wenn sie kämpfen, geschieht es mit schlechtem Gewissen. Schließlich fangen sie an, diesen Gott zu hassen.

Aber im tiefsten haben sie Gott nie richtig kennengelernt. Sie haben zwar vieles über Gott gehört, aber ihm selbst sind sie nie begegnet. Wie auch hätten sie ihm begegnen können, wenn sie ihn innerlich ablehnten? Denn dieser Gott war ihnen ja stets als der Fordernde, Strafende vor Augen gehalten worden. Wie konnten sie zu solch einem Tyrannen Vertrauen fassen?

Ich will hiermit nicht unterstellen, als hätten es die Eltern nicht gut gemeint. Aber in ihrer vermeintlichen Verantwortlichkeit sind sie zu weit gegangen. Sie haben das, was sie selbst meinten, von Gott erkannt zu haben, als feste Norm ihren Kindern aufgezwungen. Und ohne es zu wollen, sind sie damit zu Werkzeugen Satans geworden, einer Hexe gleich, die mit frommen Worten ihre Opfer verzaubert. Weil sie ihren Willen nicht unter die Herrschaft des Willens Gottes gebracht haben, versuchten sie in eigener Kraft zu eigenem Zweck den andern zu manipulieren, der ihnen ja nicht einmal gehört.

Natürlich sollen wir unseren Kindern den Glauben mitteilen. Aber dieser Glaube ist kein Erziehungsprinzip. Viel entscheidender ist das, was die Kinder an ihren Eltern erleben. Wie sich der Glaube im Leben der Eltern auswirkt, das zählt. Wie oft stecken hinter einer religiösen Erziehung ganz egoistische Gründe. Da geht es nicht primär um Gott. Da geht es um die eigene Ehre. Da werden Kinder zum Museumsstück, mit dem der eigene Wert gesteigert wird.

Wir können unsere Kinder nicht zu Christen machen. Wir können zwar durch unser Leben den Samen säen. Aber dann müssen wir ihn wachsen lassen. Wir sollen gießen — aber mit Maßen. Sonst würden wir den Samen ertränken. Und vor allem: die richtigen Bedingungen zum Wachsen müssen gegeben sein. D. h., unser Leben muß so gelebt werden, daß sich Wort und Tat decken. Wir dürfen Fehler machen. Aber wir müssen zu unseren Fehlern stehen und die Kinder um Verzeihung bitten, wenn wir ihnen Unrecht getan haben. Und wenn dann die Zeit reif ist, können wir vielleicht Hebammendienste übernehmen. Aber wir dürfen unsere Kinder nicht wie eine unreife Frucht hervorzerren, um sie voller Stolz Freunden und Bekannten vorzuführen.

Wenn wir unsere Kinder zum Glauben anstacheln und möglichst noch mit diesem oder jenem vergleichen, der längst Christ geworden ist, dann verleiten wir sie zur Unaufrichtigkeit. Sie werden bemüht sein, etwas hervorzubringen, was im Grunde einfach nicht da ist. Diese Gedanken können zwar später den Anschein erwecken, als seien sie in den Kindern selbst gewachsen, aber es fehlt die Kraft, die Freude, die Liebe zu Gott. Denn Glaube ist ein Geschenk. Er kann nicht anerzogen werden. Er muß vom Heiligen Geist gewirkt sein.

Wie vielen Christen bin ich begegnet, die im tiefsten enttäuscht sind von Gott. Sie wagen es nicht, das so direkt auszusprechen, aus Angst, sich selbst zu verraten. Sie haben alles versucht, was man nur denken konnte. Sie haben gebetet, gehofft, gebangt und geglaubt. Alle frommen Bücher haben sie verschlungen und ausprobiert wie ein Rezeptbuch. Wenn einer vorschlug zu loben, so fingen sie an zu loben. Und wenn ein anderer riet: danken, so haben sie gedankt. Sie haben gebeichtet und Teufel austreiben lassen, sind von einem Seelsorger zum anderen geirrt, bekannte Evangelisten haben ihnen die Hände aufgelegt — aber das, was sie erhofften, ist nicht geschehen. Innerlich sind sie gescheitert — an Gott.

Aber sind sie wirklich an Gott gescheitert? War es nicht vielmehr das Bild, das sie sich von diesem Gott gemacht hatten? Sie wollten ihm vorschreiben, wie er ihnen zu begegnen hat. Sie hatten ein Bild, vor dem sie niederfielen und das sie Gott nannten. Aber Gott war nicht in diesem Bild. Er ist weder im Sturm noch im Erdbeben, auch nicht im Feuer (1. Kön. 19,11). Wer an seinem Gottesbild scheitert — für den ist Hoffnung, daß er Gott selbst begegnet — wie Elia, der sein Angesicht verbarg.

Vorsicht: Hochspannung!

Die suggestive Beeinflussung, die von einer dominierenden oder besitzergreifenden Mutter ausgeht, ist vergleichbar mit einer Hypnose. Ich weiß, daß es sehr gewagt ist, so etwas zu sagen. Aber ich habe ungezählte Menschen gesehen, die unter dem Einfluß eines andern stehen — das muß nicht immer die Mutter sein — wie unter einer Hypnose. Alles, was sie denken und tun, ist auf diesen einen ausgerichtet. Sie sind wie das Opfer der Schlange nicht fähig, eine eigene Entscheidung zu treffen. Sie müssen das tun, was der andere von ihnen will. Sie sind so stark beeinflußt, daß sie nicht sie selbst sein können.

Wenn ein Kind einen Befehl erhält, der gegen sein Wesen verstößt, so wird es sich zunächst wehren. Aber je nachdem, wie stark diese Kraft ist, die steuert, wird es den Widerstand allmählich abbauen. So wird es im Laufe der Jahre immer gefügiger. Einige schaffen es, sich endlich zu lösen. Aber andere bleiben wie unter einem Bann. Und wenn sie später versuchen, sich gegen diesen starken fremden Willen zu wehren, gelingt es ihnen nicht, denn ihr Wille ist in den Willen des andern eingegangen. Es findet ein Kampf in der Seele statt. Und diese Auseinandersetzung macht einen Entschluß unmöglich, denn jede Entscheidung löst zwei gegensätzliche Impulse aus, wobei der eine den andern aufhebt. Wer aber entscheidungsunfähig geworden ist, kann nicht verantwortlich handeln.

In diesem Zusammenhang ist es interessant zu erwähnen, daß die Psychoanalyse mit der Hypnose begann. Als Siegmund Freud, der Begründer der Psychoanalyse, erkannte, daß neurotische Verhaltensweisen durch Hypnose verändert und die Denkweise beeiflußt werden konnte, versuchte er zunächst in den ersten Jahren seiner Tätigkeit durch eine Art Gegenhypnose neurotisches Fehlverhalten wieder aufzuheben. Später dann verließ er diese Methode.

Hypnose ist die Ausführung fremder Befehle bei Ausschaltung des eigenen Willens. Es ist eine starke seelische Beeinflussung, die den andern steuert, ohne seinen Willen zu achten. Bei einer Hypnose ist das eigene Wollen ausgeschaltet und die Bereitschaft da, den Willen eines anderen aufzunehmen. Und damit öffnen wir ein Tor zu einer unsichtbaren Welt. Gott zwingt keinen Menschen. Er will keine Marionetten, die als willenlose Hüllen sich benutzen lassen. Er hat dem Menschen einen freien Willen gegeben. Wo aber dieser Wille durch einen andern gebunden wird, kann eine fremde Macht das Tor benutzen, um den Menschen sich untertan zu machen.

Weichenstellung

Ich bin der Herr

Ob es der einzelne wahrhaben will oder nicht, ändert nichts an der Tatsache, daß der Mensch seinen Ursprung in Gott hat. Dieser Ursprung ist zugleich seine Bestimmung. Denn losgelöst von Gott ist kein Leben möglich. So wurde dem Menschen von Gott sein Lebensraum zugewiesen; aber in diesen Lebensraum wurde der Mensch nicht einfach ausgesetzt und dann sich selbst überlassen, sondern es wurden ihm grundlegende Lebensregeln mitgegeben, die richtungsweisend sein sollten und ihm damit das Leben ermöglichten. Es war kein neuer Zwang. Denn Gott hatte ja sein Volk gerade erst aus der Knechtschaft herausgeführt, und das nicht, um ihm jetzt eine neue Zwangsherrschaft aufzubürden. Nein, diese Worte waren wie Wegweiser, die den Wanderer vor dem tödlichen Verirren bewahren sollten. Wer dennoch diese Regeln mißachtete, war letztlich nicht lebensfähig, sondern zum Scheitern und damit zum Tode verdammt. Uns allen sind diese zehn Worte mehr oder weniger geläufig. Es sind knappe, unmißverständliche Formulierungen, die hier auszugsweise zitiert werden sollen:

1. Ich bin der Herr, dein Gott, der dich aus Ägyptenland, aus der Knechtschaft, geführt hat. Du sollst keine anderen Götter haben neben mir. Du sollst dir kein Bildnis noch irgendein Gleichnis machen, weder von dem, was oben im Himmel, noch von dem, was unten auf Erden, noch von dem, was im Wasser unter der Erde ist. Bete sie nicht an und diene ihnen nicht! Denn ich, der Herr, dein Gott, bin ein eifernder Gott, der die Missetat der Väter heimsucht bis ins dritte und vierte Glied an den Kindern derer, die mich hassen. Aber

Barmherzigkeit erweist an vielen Tausenden, die mich lieben und meine Gebote halten.

2. Du sollst den Namen des Herrn, deines Gottes, nicht mißbrauchen; denn der Herr wird den nicht ungestraft lassen, der seinen Namen mißbraucht.

3. Gedenke des Sabbattages, daß du ihn heiligst.

4. Du sollst deinen Vater und deine Mutter ehren, auf daß du lange lebest in dem Lande, das dir der Herr, dein Gott, geben wird.

5. Du sollst nicht töten.

6. Du sollst nicht ehebrechen.

7. Du sollst nicht stehlen.

8. Du sollst nicht falsch Zeugnis reden wider deinen Nächsten.

9. Du sollst nicht begehren deines Nächsten Haus.

10. Du sollst nicht begehren deines Nächsten Weib, Knecht, Magd, Rind, Esel, noch alles, was dein Nächster hat.

Dieses »du sollst« wurde nicht als Befehl verstanden, sondern als Anweisung und damit als Angebot. Es galt ja, den Lebensraum, der dem Menschen anvertraut worden war, zu erobern. Ohne Anweisungen konnte das nicht geschehen. Diese Anweisungen waren in etwa einer Betriebsanleitung vergleichbar.

Die erste und wichtigste Anweisung aber war, daß das Eigentumsverhältnis klargestellt wurde: Ich bin der Herr, dein Gott. Es geht hier um den Menschen in seiner Beziehung zu Gott. Wenn Gott sich dem Menschen vorstellt »Ich bin der Herr, dein Gott«, so weiß der Mensch einerseits, mit wem er es zu tun hat, und andererseits wird ihm sein Platz zugewiesen. Nicht er ist der Herr, sondern ein anderer ist Herr über ihn. Wenn Gott Herr ist, so ist der Mensch sein Eigentum und damit auch alles andere, was Gott dem Menschen anvertraut hat. Der Raum, der dem Menschen gegeben wurde, ist nicht sein Besitz. Und auch der andere, der ihm zur Seite gestellt wurde, gehört nicht ihm. Ja, nicht einmal das Leben ist sein Eigentum, über das der Mensch nach seinem Gutdünken verfügen könnte. Das Leben gehört Gott, sowie alles, was er erschaffen hat. Damit erfährt der Mensch seine Grenze.

Ich bin der Herr — das ist Anfang, Mitte und Ziel. Das ist der Maßstab, der für alle Zeiten gültig bleibt.

Die Tragik nimmt da ihren Anfang, wo Gott nicht mehr Herr ist, wo ein anderer sich auf den Thron setzt und für sich selbst göttliche Autorität beansprucht.

Daß dieser Gott kein grausamer Tyrann ist, wird daran deutlich, daß er sein Volk aus der Knechtschaft befreit hat. Die Freiheit ist aber nur dann gewährleistet, wenn der Mensch keinen anderen Göttern dient. Er soll nicht von einem Bild abhängig werden. Nichts soll den Menschen beeinflussen und zum Dienst zwingen. Und weil dieses Wort von so großer Bedeutung ist, werden alle Möglichkeiten aufgezählt, im Himmel und auf Erden und im Wasser unter der Erde. Wenn der Mensch trotzdem sich andere Götter schafft, andern Herren dient, anderen seine Befreiung zuschreibt, andern in irgendeiner Weise zugewandt ist, wird sich dieses sein Verhalten noch an den nachkommenden Generationen rächen. Dann wird eine Kettenreaktion des Bösen Kinder und Enkel belasten.

Wenn wir jetzt an unseren Kreislauf denken, so hat genau an dieser Stelle eine Verschiebung stattgefunden und das ganze Chaos eingeleitet. Da heißt es nicht mehr: Ich bin der Herr, dein Gott, der dich aus der Knechtschaft geführt hat, sondern ein anderer hat sich an die Stelle Gottes gesetzt und den Menschen in eine neue Knechtschaft hineingeführt. Es waren Götzen, vor denen man gekniet und gezittert hat, Bilder, nach denen man sein Leben ausgerichtet hat.

Aber Gott ist ein eifersüchtiger Gott, d. h. er wird es nicht dulden, daß ein anderer den Platz einnimmt, der nur ihm vorbehalten ist.

Das Bild

Vor mir sitzt eine Frau, Anfang der Fünfziger. Obwohl kein Arzt ihr eine organische Krankheit bestätigen konnte, war sie fest davon überzeugt, an Krebs erkrankt zu sein. Diese Überzeugung war wie ein inneres Wissen, von dem kein Mensch sie abbringen konnte. Aber es war nicht so, daß sie sich damit interessant machen wollte. Im Gegenteil, sie litt darunter und sehnte sich danach, frei zu sein und glücklich. Nach außen hin hatte sie alles, was zu diesem Glücklichsein gehörte. Aber es war, als wollte sie sich für ihr Glück bestrafen. Sie versank in tiefe Verzweiflung und Mutlosigkeit, wie einer, der neben dem Brunnen verdurstet.

Äußerlich fiel sie nicht auf. Sie wirkte ausgeglichen, tatkräftig und versorgte ihre kleine Familie. Niemand ahnte, in welch einem inneren Konflikt sie sich befand, und daß diese inneren Spannungen ihr jeden Zugang zu anderen Menschen versperrten. Sie lebte zurückgezogen, um keinem ihr inneres Chaos zu verraten.

Diese scheinbar unerklärliche Verzweiflung konnte sie zeitweise wie eine Panik überfallen und in tiefe Mutlosigkeit stürzen. Sie selbst versuchte diese und jene Erklärung. Aber alles war letztlich nicht überzeugend.

So haben wir versucht, Punkt für Punkt diesen Teufelskreis, in dem sie gefangen war, zu entwirren. Und von einer Station zur andern mußte sie erkennen: »Genau das ist meine Geschichte«. Es war, als hätte sie hier ihre eigene Lebensgeschichte preisgegeben.

Und dann kamen wir an die Frage: Was ist die Ursache all dieser Lebensverwirrung, dieses Getriebenseins, der geheimen Selbstbestrafung und tiefen Verirrung?

Es waren manche Faktoren, die als Nebenwurzeln erkennbar wurden. Entscheidend aber erschien mir ihre Beziehung zu ihrer Mutter, zu der sie in einer geradezu symbiotischen Verbindung lebte. Es war wie eine Haßliebe. Sie konnte es weder verkraften, der Mutter nah, noch von ihr getrennt zu sein. Es war keine Anklage. Vielmehr ein totales Ausgeliefertsein.

Im Laufe des Gesprächs wurde es immer deutlicher: Meine Mutter hat ein ganz bestimmtes Bild von mir, wie ich zu sein habe. Aber ich wehre mich dagegen. Ich will ich selbst sein. Doch ich komme nicht dagegen an. Ein Blick, der Ton ihrer Stimme lähmt mich derartig, daß ich am Ende doch wieder das tue, was sie von mir will.

Die Mutter war nach dem Krieg allein geblieben. Sie hatte nur diese eine Tochter. »Du bleibst bei mir«, hatte sie ihr immer wieder einsuggeriert, »Gott hat dich mir gegeben, damit ich im Leid getröstet werde.« Zunächst auch ging es gut. Die Tochter fühlte sich verantwortlich für ihre Mutter. Sie war damit einverstanden, nicht zu heiraten. So wurde sie dreißig, ja, vierzig Jahre und ging ihrem Beruf nach und lebte für ihre Mutter. War das nicht Gottes Bestimmung für ihr Leben? Hatte Gott nicht selbst gesagt: »Du sollst Vater und Mutter ehren?« Aber mehr und mehr wehrte sich die Tochter gegen ihre Gefangenschaft. Es machte ihr nichts aus, daß die Mutter das Konto kontrollierte und Kleider für sie kaufte. Aber sie wollte nicht das Leben ihrer Mutter leben. Sie wollte endlich ihr eigenes Leben anfangen. Und eines Tages heiratete sie — gegen den Willen der Mutter. Mit schlechtem Gewissen. Denn war es damit zugleich nicht auch gegen den Willen Gottes geschehen? Unbewußt meinte sie, sich dafür bestrafen zu müssen. Es durfte ihr also nicht gut gehen. Sie durfte nicht glücklich werden. So wurde die Verwirrung immer größer. Um im Frieden zu leben, war sie bemüht, dem Bild der Mutter zu entsprechen, aber zugleich war sie voller Auflehnung. Suggestiv empfing sie häufig Befehle, gegen die sie aufbegehrte. Aber wenn die Tochter versuchte, ihr Empfinden der Mutter gegenüber zu verbalisieren, reagierte die Mutter gekränkt: »Wie kannst du so etwas von mir denken!« Dann schwieg die Tochter. Aber das Spiel wiederholte sich. Obwohl die Mutter verneinte, gab sie doch diesen suggestiven Befehl: So hast du zu sein.

Hier lag die Hauptwurzel ihres inneren Zerriebenwerdens. Zwei Ströme, die miteinander kämpften: die eigene Lebensvorstellung und die Erwartung der Mutter.

Innerlich reagierte die Tochter aggressiv, voll leidenschaftlicher Ablehnung; aber äußerlich war sie bemüht, den Schein der Liebe zu wahren und der Mutter jeden Gefallen zu tun.

Und dieses Beispiel ist kein Einzelfall.

Umgekehrt kenne ich Menschen, die tun jedesmal genau das Gegenteil von dem, was von ihnen erwartet wird, aus lauter Angst, sie könnten dem Bild der Mutter entsprechen und ihr damit einen heimlichen Triumph geben. Sie haben Angst, es könnten Aussprüche kommen wie: »Ich wußte doch, daß du *mein* liebes Kind bist.« Aber sie wollen alles andere sein, als das liebe Kind ihrer Mutter. Sie wollen nicht Besitz der Mutter sein.

Doch wenn sie jetzt — nur, um dem Bild der Mutter nicht zu entsprechen, genau das Gegenteil tun, so ist auch das keine Freiheit. Dann ist wieder dieses Bild ein heimlicher Diktator, der die Richtung bestimmt. Und das ist genauso gut ein Zwang.

Die Wahrheit liegt nicht im Gegenteil.

Und wenn ich dann frage: »Warum wollen Sie der Mutter diesen Triumph nicht gönnen?« Dann kommt die entrüstete Reaktion: »Das wäre das Allerschlimmste, dann verlöre ich alle Rechte an mich selbst.«

Wer innerlich frei ist, der kann großzügig sein, der kann das eine und auch das andere. Aber er selbst trifft die Wahl. Es ist seine eigene Entscheidung.

Jesus und seine Mutter

Es sind uns drei entscheidende Konfrontationen Jesu mit seiner Mutter überliefert, die wir hier kurz skizzieren möchten. Die erste Konfrontation wird uns in Lukas 2, 41-51 berichtet.

Nach dem Passahfest, das die Eltern wie jedes Jahr in Jerusalem verbracht hatten, war der Zwölfjährige ohne Wissen der Eltern in Jerusalem zurückgeblieben, während die Eltern mit den anderen Pilgern die Heimreise angetreten hatten. Nachdem sie bereits einen Tag unterwegs waren, stellten die Eltern fest, daß ihr Sohn nicht — wie sie zunächst vermutet hatten — mit Verwandten und Freunden gereist war. So gingen sie zurück nach Jerusalem, um ihn zu suchen. Die Aufregung der Eltern können wir uns lebhaft vorstellen. Endlich, nach drei Tagen, fanden sie ihren Sohn im Tempel, als wäre nichts geschehen. Das Entsetzen der Mutter ist nicht verwunderlich. Und in der Frage der Mutter schwingt ein Vorwurf, der nur zu verständlich ist: »Mein Sohn, warum hast du uns das angetan? Siehe, dein Vater und ich haben dich mit Schmerzen gesucht.« Und wie reagiert der Zwölfjährige? Er ist verwundert und weist die Anklage zurück: »Wißt ihr nicht, daß ich sein muß in dem, was meines Vaters ist?«

Da war kein schlechtes Gewissen. Kein Schuldgefühl. Keine Unsicherheit. Kein Wort der Entschuldigung. Da wurde die Rangordnung richtig gestellt: Nicht ihr habt in erster Linie einen Anspruch an mich, sondern Gott, dem ich gehöre. Er ist mein Vater. Für ihn lebe ich.

Mit zwölf Jahren ist ein Kind normalerweise noch auf die Führung seiner Eltern angewiesen; denn es ist noch nicht in der Lage, für sich selbst Verantwortung zu übernehmen. Es braucht noch einen festen Rahmen, der seinen Expansionstrieb begrenzt. Hat Gott nicht darum den Kindern Vater und Mutter zur Seite gestellt? Sie sollen in Verantwortlichkeit das Leen der Kinder begleiten. Aber sie sollen es nicht einengen, sondern dem zuführen, dem sie letztlich gehören.

Dann heißt es weiter: »Und er ging mit ihnen hinab und kam nach Nazareth und war ihnen untertan.«

Auch das wieder aus Freiheit. Es war seine Entscheidung. Er traf die Wahl.

Wie viele Eltern meinen, ihren Kindern die Entscheidung abnehmen oder zumindest sie ihnen in den Mund legen zu müssen. Jesus wußte, zu wem er gehörte und wer an der ersten Stelle in seinem Leben stand.

Und Maria erkannte, daß ihr nicht der erste Platz gebührte, sondern der zweite.

Einige Jahre später kam es erneut zu einer Konfrontation. Es war während einer Hochzeitsfeierlichkeit in Kana, zu der auch Jesus und seine Mutter eingeladen waren. Jesus war damals bereits erwachsen und hatte seine Schüler bei sich. (Joh. 2, 2-12) Offensichtlich war irgend etwas mit der Organisation schief gelaufen und Maria hatte es bemerkt. Vielleicht wollte sie dem Brautpaar die Peinlichkeit ersparen, vielleicht wollte sie es davor schützen, in ein falsches Licht zu geraten oder ins Gerede zu kommen. Sie ging zu ihrem Sohn, um ihn zu informieren. War es nicht wie eine indirekte Aufforderung, irgendwie in das Geschehen einzugreifen? Sie sagte es nicht direkt, vielmehr versteckt. Aber Jesus ließ sich nicht manipulieren. Auf solch eine Botschaft ging er nicht ein. Niemand konnte über ihn verfügen. Auch nicht seine Mutter. Er wies sie ab: »Was geht's dich an, Frau, was ich tue.« Das ist eine eindeutige Zurechtweisung. Deine Aufgabe ist eine andere als meine. Dein Platz ist dort und mein Platz ist hier. Und nicht du bist es, die meine Stunde bestimmt. »Meine Stunde ist noch nicht gekommen.«

Jesus bangte nicht um das Brautpaar. Sein Ziel war ein viel

Höheres. Er wollte auch nicht primär seiner Mutter einen Dienst erweisen oder ihr zuliebe in ein Geschehen eingreifen. Er wollte allein von Gott abhängig bleiben, und von Gott wollte er erfahren, wann, wo und wie er handeln sollte.

Und Maria? Wie reagierte sie? Hatte sie in dem »noch nicht« Hoffnung geschöpft? Sie war nicht beleidigt, machte auch keine Vorwürfe, sie drängte nicht und bettelte nicht, sie akzeptierte diese Zurechtweisung. Dann aber ging sie hin zu den Dienern und traf heimlich ihre Vorkehrungen: »Was er euch sagt, das tut.« Damit war ihre Aufgabe erledigt.

Und dann handelte Jesus. Aber nicht, weil er sich von seiner Mutter dazu gedrängt fühlte, oder weil sein Gewissen ihm keine Ruhe ließ, sondern weil sein Vater ihm »grünes Licht« gegeben hatte. Das allein war für ihn ausschlaggebend (Joh. 5,19).

Eine dritte Konfrontation Jesu mit seiner Mutter wird uns in Matthäus 12, 46-50 berichtet. Jesus war in einem Haus von vielen Menschen umlagert, als ihm gemeldet wurde, daß seine Mutter und seine Brüder draußen stünden und ihn zu sprechen wünschten. Wollten sie ihm Vorwürfe machen? Ihn zurückhalten? Wir wissen es nicht. Was auch immer der Grund gewesen sein mag, warum sie ihn ausgerechnet jetzt so dringend sprechen wollten, Jesus ging überhaupt nicht darauf ein. Im Gegenteil: er ließ sie stehen und fragte öffentlich: »Wer ist meine Mutter und wer sind meine Brüder?« Dann wies er auf seine Schüler und sagte: »Das ist meine Mutter, und das sind meine Brüder. Denn wer den Willen tut meines Vaters im Himmel, der ist mir Bruder und Schwester und Mutter.«

Niemand konnte ihm vorschreiben, was er zu tun hatte. Denn niemand — außer Gott — hatte ein Recht auf sein Leben.

Diese Beispiele sollen nun nicht dazu anregen, den Eltern den schuldigen Gehorsam zu verweigern. Aber sie zeigen die Freiheit, aus der Jesus seiner Mutter begegnete. Er ließ sich weder einfangen noch einengen. Er ließ sich nicht bestimmen. Er handelte aus freier Entscheidung, nicht gedrängt durch ein schlechtes Gewissen. Er machte keinerlei Zugeständnisse.

Und doch war er seiner Mutter in tiefer Liebe zugetan und ehrte sie. Aber er war nicht ihr Knecht, nicht ihr Leibeigener.

Seine Mutter war ihm nicht gleichgültig. Noch im Sterben fühlte er sich für sie verantwortlich und sorgte dafür, daß sie ein neues Zuhause fand. Hier kommen seine tiefe Liebe und Verehrung zum Ausdruck.

Als Jesus den Jünger sah, der ihm in besonderer Weise lieb geworden war, vertraute er seine Mutter gerade diesem Freund an. Er wußte, daß niemand sonst in dieser Zartheit auf sie eingehen würde und in so tiefer Verehrung für sie sorgen würde wie gerade dieser Jünger. Darum sagte er: »Frau, siehe, das ist dein Sohn.« Und zu dem Jünger: »Siehe, das ist deine Mutter« (Joh. 19, 26).

Jesus tat nicht, was Menschen ihm vorschrieben oder Menschen von ihm erwarteten, sondern was Gott von ihm wollte. Darin lag seine Freiheit.

Du sollst Vater und Mutter ehren

An dieser Stelle mag ein Fragen aufkommen. Was ist damit gemeint, Vater und Mutter zu ehren? Wie viele junge Menschen kenne ich, die nehmen gerade an diesem Wort Anstoß. Dann bricht es voller Bitterkeit aus ihnen heraus: »Mein Vater ist Trinker« oder »meine Mutter benimmt sich wie eine Hure« oder »meine Mutter hat mein Leben verpfuscht, ich hasse sie.« Vielleicht würde es ein anderer nicht ganz so scharf formulieren, aber im tiefsten denkt er ähnlich. Er schämt sich seiner Eltern. Er rebelliert gegen sie und ist voller Aggressionen ihnen gegenüber. Bilder aus der Vergangenheit tauchen auf, die es dem jungen Menschen beinahe unmöglich machen, seine Eltern zu achten oder zu lieben.

Er hat sie sich ja nicht selbst ausgesucht. Soll er jetzt zahlen?

Wenn ich Vater und Mutter ehren soll, bedeutet das nicht, daß ich alles gut heiße, was sie tun, und ihrem Bilde nun entsprechen müsse. Aber ich nehme meine Eltern an aus der Hand Gottes, ohne zu murren, ohne Auflehnung. Und indem ich sie als meine Eltern anerkenne, erkenne ich zugleich Gottes Grundgesetz an. Ich ehre sie, indem ich ihnen den Platz einräume, der ihnen von Gott zugedacht war.

Gott hat durch sie mir Leben gegeben. Was auch vorgefallen sein mag, unter welchen Bedingungen auch immer ich aufgewachsen bin — das liegt nicht in meiner Macht. Aber es liegt an mir, den Segen Gottes zu verweigern oder zu empfangen. Denn gerade dieses Gebot trägt eine Verheißung. Es ist an das Leben selbst geknüpft. Wie eine Quelle, der Leben entspringt.

Vater und Mutter sind nicht Gott. Aber wenn ich sie ablehne, lehne ich zugleich auch den ab, der sie mir zur Seite gestellt hat. Und was ich ihnen an Gutem zukommen lasse, ist zugleich, als wäre es Gott gegeben.

Und wenn Gott von uns erwartet, unsere Eltern zu ehren, dann schließt er damit auch solche Eltern ein, die uns zu schaffen machen.

Wir sollen nun nicht anfangen, unsere Eltern nach unserem Bilde umzugestalten. Damit würden wir wieder in den gleichen Irrtum verfallen. Wir sollen vielmehr ehrfürchtig Gott selbst in ihnen begegnen. Das ist ein Geheimnis, das wir nicht entschlüsseln, sondern nur im Gehorsam anerkennen können.

Vater und Mutter ehren heißt aber auch nicht, uns nach ihrem Bilde umprägen zu lassen. Damit greifen sie über in ein Amt, das ihnen nicht zusteht. Hier muß gleichsam der Zuständigkeitsbereich abgegrenzt werden. Es geht hier um das rechte Eigentumsverhältnis. Wer seine Kinder einengt und manipuliert nach seiner eigenen Vorstellung, vergreift sich letztlich am Eigentum Gottes. Er mißachtet die Freiheit des andern und macht sich selbst damit zum Gott.

Von der Freiheit

Es geht nun darum, diese verlorene Freiheit wiederzugewinnen. Dazu gehört, daß ich meine Gefangenschaft richtig einordnen kann. Ich muß wissen, daß dieses Bild, in das mich andere umgestalten wollen, nicht nur ein Scheinbild ist, sondern ein Trug, ja, mehr noch: ein Götze, dem ich nicht entsprechen darf; denn ich bin zur Freiheit berufen. Nicht zur Knechtschaft. Gott hat sein Volk aus der Knechtschaft herausgeführt. Er will, daß wir frei sind. Aus der Freiheit heraus sollen wir Gott dienen.

Denken wir an den Vater im Gleichnis vom verlorenen Sohn, das uns von Jesus erzählt wird: »Ein Mensch hatte zwei Söhne. Und der jüngere von ihnen sprach: Gib mir, Vater, das Erbteil, das mir zusteht. Und er teilte Hab und Gut unter sie. Und nicht lange danach sammelte der jüngere Sohn alles zusammen und zog in ein fernes Land; und dort brachte er sein Erbteil durch mit Prassen...« (Lk. 15)

Der Vater hielt seinem Sohn nicht das Unmögliche seiner Forderung vor — denn was steht ihm schon zu! —, auch spielte er nicht den Verletzten, der jetzt im Alter, wo er doch den Sohn so dringend gebraucht hätte, allein gelassen wird. Ohne Anklage, ohne die Drohung: »Du wirst schon sehen, wie weit du es bringen wirst...«, und dann diese ganzen vertrauten düsteren Zukunftsprophezeiungen — nein, er gab seinen Sohn frei. Und indem er ihn freigab, bewies er ihm, daß er ihn als eigenständigen Menschen in seiner Entscheidungsfreiheit ehrte. Es wird uns nicht einmal berichtet, daß er die Zukunftspläne mit seinem Sohn in Ruhe diskutierte, um ihn schließlich doch noch von seinem Vorhaben abzubringen. Der Vater hatte den Mut zum Risiko. Hätte er ihn zurückgehalten, er hätte ihn verloren. Aber indem er ihn freigab, erhielt er ihn zurück. Dieses Loslassen war keine Berechnung. Und konnte der Sohn nicht letztlich erst durch diese Freiheit den Vater finden?

In diesem Gleichnis spiegelt sich das Wesen Gottes. Gott zwingt keinen Menschen. Er adelt ihn, indem er ihn frei wählen läßt. Denn Liebe ohne Freiheit ist keine Liebe. Wahre Liebe wagt es, den andern frei zu geben.

Absolute Freiheit aber ist eine Illusion. An irgendeinem Punkte werden wir immer unsere Mauern erfahren. Und irgendwo wird unsere Freiheit ihre Einschränkung finden. Da sind die alten Eltern, die wir nicht abschieben können, der Arbeitsmarkt, das fehlende Geld, die oft so verwickelte Lebenskonstellation, die uns Lasten aufbürdet und zu Entscheidungen zwingt, die wir sonst nicht getroffen hätten. Aber darum geht es hier nicht. Wir können einen Weg gehen, den wir ursprünglich nicht gehen wollten, und doch innerlich frei sein. Und anderseits können wir über eine Million verfügen und uns alles leisten, was unser Herz begehrt — und innerlich gefangen sein. Denn diese Gefangenschaft, von der wir sprechen, liegt im Wesen des Menschen, in seinem Kern. Die Ketten, die der Mensch trägt, reiben von innen, auch wenn sie nach außen gar nicht sichtbar werden.

»Wer kann dann ein Kind erziehen?« So fragen wir uns vielleicht. Ein Kind kann nicht in totaler Freiheit erzogen werden. Das wäre Wildwuchs. Es gehört zur Erziehung, daß wir Richtlinien geben und Maßstäbe setzen, denn wir sind verantwortlich für das Leben, das uns anvertraut wurde. Und gerade in den ersten Jahren sollte ein Kind durch die Identifizierung mit Vater und Mutter sich selbst finden.

Aber in dem allen müssen wir den andern in seiner Eigenständigkeit achten. Wir müssen sein Wesen erfassen, um ihm zu helfen, das zu werden, was er sein soll, und nicht das, was wir gerne möchten, das er wäre.

Das heißt, wenn unser Sohn praktisch begabt ist, sollen wir nicht versuchen, einen Musiker aus ihm zu machen, oder wenn die Tocher sportlich interessiert ist, sie zum Strümpfestricken verurteilen.

Stufen der Befreiung

Die Lüge Satans

Ich denke wieder an Renate. Wodurch ist sie geworden, was sie jetzt ist? War es nicht letztlich ihre Entscheidung? Es mag sein, daß die Zusammenhänge so verwickelt waren, so undurchschaubar und verworren; aber irgendwann hatte sie die Wahl.

»Ich konnte nicht anders.«

Hätte sie wirklich nicht anders gekonnt?

»Ich bin wie eine Marionette.«

Und trotzdem hatte sie letztlich die Wahl selbst getroffen. Sie hatte sich dafür entschieden, unfrei zu sein, und krank. »Was sollte ich tun? Ich konnte meine Mutter nicht verletzen.«

Ist das nicht eine Lüge Satans, uns einzureden, das wäre das Schrecklichste auf dieser Welt?

»Es hätte ein Unglück gegeben.«

Aber woher wußte sie denn so genau, daß es ein Unglück gegeben hätte? War sie nicht wieder die Betrogene? Sie hatte sich für das Leiden entschieden. Sie hatte gewählt. Sie hatte gewählt, schwach zu sein. Es war — trotz allem — ihre Entscheidung.

Und Marion?

»Ich wollte, daß es meine Kinder einmal besser haben sollten als ich. Darum wollte ich sie vor dem Einfluß meiner Mutter schützen. Es sollten meine Kinder sein — nicht ihre.«

Sie will die Kinder besitzen — obwohl sie doch weiß, wie schmerzhaft das ist, Leibeigene zu sein. So gibt sie ihr Scheitern weiter an ihre Kinder. Da wird der Gejagte zum Jäger, das Opfer zum Henker.

Auch Marion hatte dieses Leben selbst gewählt.

Vielleicht liegt darin die Bitterkeit des Scheiterns, das Wissen: es hätte anders sein können. Dieses Ahnen, daß man selbst dazu beigetragen hat. Wenn wir die Verantwortung für unser Scheitern aus der Hand geben könnten, würde es nicht gar so sehr schmerzen. So aber ist es letztlich ein Scheitern an uns selbst.

Erste Stufe: Erkennen

Wenn ein Mensch zur Beratung kommt und Hilfe sucht, bleiben nur zu oft die eigentlichen Zusammenhänge verborgen. Es werden zwar einzelne Fesseln deutlich, aber die Wurzel selbst ist zumeist tief im Wesen des Menschen verankert. Wenn daher eine Symptombehandlung geschieht, könnte vielleicht die eine oder andere Nebenwurzel behandelt werden, das eigentliche Übel aber steckt noch immer tief in der Seele des Menschen und richtet großen Schaden an. Denn solange noch die Wurzel im Boden sitzt, wird das Unkraut weiter wachsen, immer wieder neu. Darum müssen wir die Wurzel selbst ausrotten.

Die erste Stufe dieser Wurzelextraktion ist: erkennen. Das ist die erste Voraussetzung, denn der eigentliche Kampf findet im Finstern statt.

Da ist ein Wust von Gedanken und Empfindungen, aus denen sich der Mensch nicht mehr befreien kann. Er dreht sich wie in einer Todesspirale. Die Gefühle, die in ihm streiten, können sehr gegensätzlich sein, als wollten sie den Menschen innerlich zerreißen. Er wird wie von Mächten gesteuert, die er nicht mehr kontrollieren und nicht beherrschen kann. Ja, oft hat er den Eindruck, es denkt in mir. Das bin ich gar nicht selbst. All diese düsteren Befehle, diese blasphemischen Gedanken, die Lust am Zerstören, die Freude am Schmerz, die heimliche Genugtuung am Unglück des andern, die Rachsucht, der Neid, die Wollust, die Gier — bin ich das selbst, oder ist das ein anderer, der mich benutzt?

Wir müssen da, wo wir sind, anfangen und unseren Standort bestimmen. Dann müssen wir uns fragen: Entscheide ich selbst oder tue ich den Willen eines andern?

Dazu gehört Ehrlichkeit und Mut. Wir müssen die eingeredete Furcht in Frage stellen, diese Furcht, die uns zu willenlosen Werkzeugen macht, die Furcht, zu verletzen oder verletzt zu werden, als wäre es das Schlimmste in dieser Welt.

Dann müssen wir unsere Motive ehrlich durchleuchten. Warum habe ich so gehandelt? Was steckt dahinter? Was will ich damit erreichen? Erniedrige ich den andern, um meinen eigenen Wert zu erhöhen? Zeige ich auf seine Schuld, um meine eigene dahinter zu verstecken? Bausche ich meine Sünde auf, um meine Gerechtigkeit desto strahlender erscheinen zu lassen? Will ich mich rächen?

Und die Kinder? Will ich sie für mich? Als persönlichen Besitz? Will ich sie vorführen, wie Hiskia, der seine Schatzkammern zeigte? (2. Kön. 20,13). Ja, ist es letztlich, um bewundert und anerkannt zu werden?

Wir müssen uns stellen und wahrhaftig sein. Wahr sein bis zur letzten Konsequenz. Nichts verschleiern. Nichts abschwächen. Nicht darüber hinweggehen, weil das unangenehm ist und schmerzt. Uns selbst können wir betrügen. Auch andere können wir täuschen. Aber Gott können wir nichts vormachen.

Wir beurteilen einen Menschen gerne nach Besitz, Leistung, Karriere. Was einer hat, wird zum Maßstab, sei es an materiellem oder auch geistigem Gut. Von diesem Denken müssen wir uns frei machen. Es geht nicht darum, etwas vorzeigen zu können. Es geht um unser Sein vor Gott. Man kann nach außen einen Erfolg verbuchen — doch innerlich gescheitert sein.

Wir müssen erkennen, wo wir stehen, und uns fragen: Habe ich richtig gewählt? Was sind das für Gefühle, die da in mir streiten? Warum können sie gedeihen? Ist es nicht darum, weil der Nährboden entsprechend ist?

Und all diese Gefühle, diesen negativen Sog, müssen wir als Schuld erkennen. Unser Selbst ist so kompliziert, denn es ist sündig. Wir aber müssen zur Einfachheit kommen. Einfach und wahr, wo das Ja ja ist und das Nein ein Nein.

Schließlich müssen wir erkennen, daß die ganze Tragödie dadurch zustande kam, weil das erste Gebot nicht beachtet wurde und Gott nicht mehr Herr über unser Leben war. Da hat die Verschiebung stattgefunden.

Als Eva der Schlange im Paradies ihr Ohr lieh und anfing, über das Gebot Gottes zu diskutieren, anstatt zu gehorchen, lag darin schon der Keim ihres Scheiterns. Und genau an diesem Punkt hat die Schuldverflechtung der Menschheit ihren Anfang genommen. Aber diese Schuld ist nicht nur die Schuld der Menschheit, sie ist nicht pauschal, sie ist die Schuld des einzelnen, der genau das gleiche wiederholt. »Ihr werdet sein wie Gott« — hier liegt die tiefste Versuchlichkeit des Menschen. Immer wieder erliegt er der Anmaßung, selbst Herr zu sein, selbst zu bestimmen, was gut und böse ist, richtig und falsch.

Die geheimen Verwünschungen, die Auflehnung — das ganze Leben ist so letztlich Rebellion.

Wir müssen zurücktreten und endlich den wieder einsetzen, den wir so gedankenlos entthront haben. Buße tun müssen beide: der, der sich zum Götzen gemacht hat, und der, der dem Götzen gedient hat.

Die Gedanken sind frei

Nicht nur jede Tat zieht eine Reaktion nach sich. Auch ein Wort ist nicht wertneutral. Es ist wie ein Saatkorn, das in den Boden gelegt wird. Und je nachdem, wie dieser Boden vorbereitet ist, wird die Saat aufgehen. Vielleicht zunächst ganz unbemerkt, aber eines Tages wird die Frucht sichtbar.

Wie leichtfertig gehen wir oft mit unseren Worten um!

Eine Mutter ist erregt über die Unordnung im Zimmer ihres Sechzehnjährigen. Sie bittet ihn — vorwurfsvoll — aufzuräumen. Es kommt zum Wortwechsel. Die Mutter schreit: »Du wirst noch mal als Lump enden« oder »du bringst mich noch ins Grab!« Nicht tragisch nehmen? Ein Wort kann wie ein Fluch wirken. Auch wenn es im Affekt gesprochen ist.

Denken wir an Jakob (1. Mose 31,32). Er war mit seiner großen Familie heimlich aufgebrochen, um in seine alte Heimat zurückzukehren. Da holte ihn sein Schwiegervater ein und beschuldigte ihn des Diebstahls. Er hatte daheim seinen Hausgötzen vermißt. Jakob war außer sich vor Empörung. »Bei wem du deinen Gott findest, der sterbe!« Und Rahel starb. Nicht sofort. Aber als ihr Sohn zur Welt kam, mußte sie gehen. Jakob hatte Rahel geliebt. Vielleicht hatte er selbst gar nicht mehr an diesen Fluch gedacht.

Unsere Worte können eine Machtentfaltung nach sich ziehen, die wir nicht einmal ahnen. Nicht jedes leichtfertig ausgesprochene Wort wird solche Folgen haben. Aber oft ist da ein geheimer Zusammenhang.

Wie oft habe ich Menschen sagen hören: »Ich wünschte, ich wäre schon tot.« Solch ein Wunsch kann zum Keim werden, der ein Leben langsam zerfrißt.

Nicht umsonst lehrte Jesus seine Jünger: »Segnet, die euch fluchen.« Es gibt Zusammenhänge in der unsichtbaren Welt, die uns jetzt noch verborgen sind. Es wäre töricht, darüber zu lächeln. Wir sollten sie ernst nehmen und unsere Worte besser kontrollieren.

Aber nicht nur unsere Worte haben Kraft. Auch unsere Gedanken sind einem Saatkorn vergleichbar. Wie »unbedenklich« lassen wir unseren Gedanken oft freien Lauf. Hier ist unsere Welt. Hier fühlen wir uns unbeobachtet, abgeschirmt vor dem Zutritt der andern. Aber Gedanken können wie ein Gift in unserem Innern wirken.

Nehmen wir als Beispiel den Todeskreis. Irgendwann in diesem Wirbel des depressiven Kreislaufs kommt der Augenblick, da wird der Mensch mit dem Gedanken an den Tod konfrontiert. Zunächst ist es ein Blitzgedanke. Der Gedanke wird empfangen und als Möglichkeit innerlich diskutiert. Und je intensiver sich ein Mensch mit diesem Gedanken auseinandersetzt, desto zwingender wird er. Und dann ist die Tür geöffnet, und dieser Gedanke wird ein vertrauter Gast, der ein und aus geht. Und schließlich ist der Gedanke so vertraut, daß er sich niederläßt und Wohnung bezieht. Das Verhältnis wird immer inniger, immer intimer. Der Tod wird zum Freund. Zum Partner.

Wie leicht ist es, daß der Gedanke an den Tod zur Befriedigung wird. Damit stellt er eine Macht dar. Er wird zur Waffe, die man gegen seine Feinde richtet: Wie wird es sein, wenn sie eines Tages entdecken ... Da kann der Gedanke an einen Selbstmord Lust bereiten. Er wird zum heimlichen Triumph, mit dem man spielt. Aber dieses Spiel kann sehr ernst werden. Die Beziehung wird immer verwickelter, immer undurchschaubarer, immer zwingender. Entweder es kommt zur «Ehe« durch die Identifizierung mit dem Tod — oder zum Bruch.

Negative Gedanken zielen auf Zerstörung hin. Und damit macht man sich selbst zum Verbündeten Satans. Gedanken, Worte und endlich das Tun richten sich gegen Gott. Und in dem allen wird Gott angeklagt als Urheber des Bösen.

Der Mensch ist stolz und überheblich. In aller Zerschlagenheit noch selbstgerecht.

Leidenssucht, Geltungsbedürfnis, Empfindlichkeit, dieser grenzenlose Egoismus, Kritiksucht, Hochmut — all diese Stationen, all diese Eigenschaften, denen wir solange gedient haben, müssen wir erkennen. Dieser Teufelskreis muß durchbrochen werden. Die Wurzel muß heraus. Denn erst durch die Entwurzelung löst sich der Kreislauf auf.

Stille und Gebet

Wer befreit werden will, muß auf seine Selbstgespräche achten, um dem Feind auf die Spur zu kommen. Dieser Feind wird alles daran setzen, um weiter im Verborgenen wirken zu können. Er wird uns laufend wichtige Dinge in Erinnerung bringen, die wir dringend noch erledigen müssen. So fliehen wir wieder in die Aktivität, anstatt uns dem Problem zu stellen.

Es muß zu einer Konfrontation kommen. Und das ist nicht möglich, wenn wir wie in einem Wirbel gedreht werden. Darum sind Zeiten der Stille so wichtig, Tage, an denen wir uns nicht ablenken lassen. Tage, die voller Zeit sind.

Es geht nicht darum, daß wir unser Pensum an Bibellesen schnell hinter uns bringen oder unsere Standardgebete bei Gott abliefern; es geht darum, daß wir ihm selbst begegnen. Da können fünf Minuten sich zur Unendlichkeit dehnen, und die Stille wird zur Qual. Darum auch können nur so wenige diese Stille ertragen. Da dröhnt alles, und der Boden selbst vibriert.

Doch wer die Stimme Gottes hören will, muß schweigen. Auch die Stimmen in uns müssen schweigen. Gott wird den Lärm nicht übertönen und brüllen.

Entscheidend ist, daß wir uns Zeit nehmen vor Gott und auf ihn warten. Und wenn ein Mensch dann in dieser Stille vor Gott tritt, sollte er bitten: »Erforsche mich, Herr. Zeige mir, wer ich bin. Durchleuchte mich bis in meine verborgensten Winkel. Leuchte jede dunkle Ecke meines Lebens aus. Ich will alles, was im Finstern brodelt, ans Licht bringen.«

Und wer es ernst meint, der wird erfahren, daß auch Gott sein Gebet ernst nimmt. Dann wird Gott antworten. Und das wird wehtun. Aber dieser Schmerz ist zugleich der Anfang der Erlösung. Es ist, als würden wir eine hoffnungslos vereiterte und verschmutzte Wunde dem Arzt hinhalten. Vielleicht ist diese Wunde so krank, daß kein Zeichen des Lebens mehr da ist. Das Gewebe ist total zerfressen, daß nur noch eine Amputation das Leben retten kann. Aber wir brauchen uns nicht zu fürchten. Wir sind in der Hand des allmächtigen Schöpfers, der uns mit unendlicher Liebe umgibt.

So fangen wir an, unser Leben zu ordnen. Punkt für Punkt. Vielleicht dauert es Tage, bis wir damit zu Ende kommen.

Wenn ein Mensch gefangen ist von der Gewalt der Gefühle, kann es eine Hilfe werden, einen Tag zu fasten. Oder auch zwei. Eventuell drei. Tage, die er vor Gott verbringt und sich dem Urteil stellt. Das ist kein Gesetz. Keine Bedingung, die zur Freiheit führt, kein neuer Zwang. Vielmehr ein Angebot.

Vielleicht aber wird dann die innere Auseinandersetzung so heftig, daß er allein nicht zurecht kommt. Dann sollte er einen Menschen suchen, der ihn in diesem Kampf unterstützt.

Zweite Stufe: Bekennen

Der Mensch hat verschiedene Möglichkeiten, mit seiner Schuld umzugehen. Entweder er leugnet sie, oder er schiebt sie von sich, er verharmlost sie, versucht, sich zu rechtfertigen, oder er zieht andere mit hinein, um nicht als der allein Schuldige dazustehen. Darum auch geht dem Bekenntnis oft ein Kampf voraus. Wir wollen unsere Schuld nicht wahrhaben. Wir suchen immer irgend etwas, das wir zu unserer Verteidigung heranziehen könnten. Denn wir sind sehr schmerzempfindlich. Und alles, was weh tun könnte, wollen wir nicht. Dagegen wehren wir uns. So sind wir bemüht, an unserem Selbst herumzuglätten. Wir suchen einen Schwächeren, um uns an unserer Stärke zu erfreuen. Wir messen unsere Sünde an der jeweils gültigen Moral: Das tun ja alle. Wir verharmlosen und verdrehen. Wir versetzen Akzente, bis schließlich der Angeklagte — nämlich wir — zum Kläger wird: »Die Frau, die du mir gegeben hast, die Mutter, die mein Leben verpfuscht hat, der Vater, der immer betrunken war ...«

Wir suchen nur zu leicht irgendeinen, den wir für unser Versagen verantwortlich machen können. Da ist die Mutter, die alles falsch gemacht hat, der Vater, der nie Zeit hatte, die Lehrer, die uns falsch beurteilt haben, der Vorgesetzte, der unsere Begabung nicht erkannte, der Pfarrer, der sich nicht um uns kümmerte, der Nachbar, der uns zu diesem Schritt herausforderte, die Ehefrau, der Ehemann ...

»Die Frau, die du mir gegeben hast« (1. Mose 3,12). Damit wird die Schuld gleich zweifach von sich geschoben. Einmal auf die Partnerin, der man die Verantwortung überträgt, und schließlich auf Gott, der letztlich für das eigene Scheitern verantwortlich gemacht wird.

Das Wegschieben der Schuld ist demnach so alt wie die Menschheit selbst. Und dieses Prinzip wiederholt sich bis heute. Aber nicht der andere ist schuld. Wir selbst haben gewählt. Und schuldig wurden so beide.

Gott will nicht über unsere Sünden diskutieren. Er nennt sie Schuld. Wir können nicht die Verantwortung für unser Leben auf einen anderen abschieben. Vielleicht haben wir sie so geschickt getarnt, daß wir sogar uns selbst täuschen konnten. Aber Gott läßt sich nicht täuschen. Er kennt die verborgensten Winkel unseres Herzens.

Als der Prophet Nathan zu David kam, um die Geschichte eines Verbrechens vorzutragen, war David außer sich vor Empörung und urteilte spontan: »Der Mann ist des Todes!« Und Nathan antwortete: »Du bist der Mann« (2. Sam. 12,7).

Da erkannte David seine Schuld und bekannte: »Ich habe gesündigt gegen den Herrn.« David nahm seine Schuld an und stellte sich dazu. So ist die zweite Stufe auf dem Wege zur Befreiung: *bekennen.*

Eine Entmythologisierung unseres Ich-Bildes tut weh. Es geschieht nicht unter Vollnarkose oder örtlicher Betäubung. Aber solch ein Ausräumen hat zugleich etwas Befreiendes. Wenn wir versuchen, unsere Schuld zu verheimlichen, können wir niemals befreit werden. Solange wir sie in uns verschließen oder versuchen, sie zu leugnen und uns zu rechtfertigen, zieht sie uns zurück und bindet uns mit Seilen an unsere Vergangenheit. Dann wird ihr Gift weiter wirken, das unser Leben zerstört.

Schuld muß Schuld genannt werden. Und diese Schuld müssen wir annehmen, ohne auszuweichen, ohne zu verschleiern. Das erfordert Mut und Aufrichtigkeit.

Wer gelogen hat, stehe dazu und nenne es eine Lüge. Ohne sich zu verteidigen und ohne bestrebt zu sein, die Situation zu erklären. Und wenn eine Konstellation noch so verwickelt war, es bleibt trotzdem eine Lüge. Und wer die Ehe gebrochen hat, der bekenne sich dazu. Auch wenn der Partner die Tat durch sein Nicht-verstehen gefördert hat, es bleibt trotzdem ein Ehebruch. Und wer einen anderen verleumdet hat und ihn in ein negatives Licht gesetzt hat, der gebe das zu, ohne beweisen zu wollen, daß der andere im Grunde noch Schlimmeres getan hat.

Wenn ich gescheitert bin — auf welchem Gebiet auch immer und unter welchen Umständen auch immer, dann stehe ich dazu und versuche nicht angestrengt, die makellose Weste von außen zu zeigen, die doch inwendig voller Schmutz und Löcher ist. Oder auf den andern zu zeigen, der ganz unbekleidet dasteht. »Du sollst nicht töten«, heißt es im Gesetz. Und Jesus sagt: »Ich aber sage euch ... (Matth. 5,21 ff). Gottes Maßstab ist noch unendlich höher, als unser Maßstab. In seinem Licht kann niemand bestehen.

In der Gegenwart des Heiligen Gottes stehe ich meiner Schuld gegenüber. Da sehe ich mich selbst in allem Schmutz. Schonungslos. Ohne Fluchtmöglichkeit. In seinem Licht gibt es kein Versteck. Jeder Rechtfertigungsversuch wird im Keime erstickt. Da hilft es nicht, auf die andern zu zeigen, die mich in diese Situation gebracht haben. Da ist es nicht die »große Sünderin«, die noch schlimmer ist; da bin ich der größte Sünder, dessen Fall so tief ist, daß kein Mensch mehr tiefer fallen kann. Da bin ich es, der seiner Frage standhalten muß.

Ich habe Gott abgesetzt und den Platz, der Gott allein vorbehalten ist, selbst eingenommen. Das ist Sünde. Das ist Rebellion. Das ist Aufstand gegen Gott. Ich habe gegen ihn rebelliert. Ich bin es, der sich Götter geschaffen und sie angebetet hat; diese selbstgebastelten Götter, denen ich Macht verliehen und von denen ich Hilfe erwartet habe. Ich habe diesen Gedanken zugelassen, ihn genährt, ihm Raum gegeben. Ich bin ... und dann können wir diesen ganzen Kreislauf durchgehen und all das nennen, wo wir betroffen sind. All das ist meine Verantwortung, für die ich Vergebung brauche.

Ich habe abgelehnt, wo ich lieben sollte. Geraubt, wo ich geben sollte. Geschwiegen, wo ich reden sollte. Geredet, wo ich schweigen sollte. Verletzt, wo ich verbinden sollte. Krieg gestiftet, wo ich versöhnen sollte. — So gehen wir von Station zu Station und packen aus. Wir nennen die Dinge beim Namen — ohne zu zögern.

Ein Abgrund des Bösen tut sich da vor uns auf. Darum auch sollten wir nicht zu lange darin verweilen. Das Auskehren sollte zügig und gründlich erfolgen. Nur nicht darin herumwühlen und sich aufs neue verunreinigen!

Wenn Paulus sagt: »Es ist nichts Gutes in uns (Röm. 7,18), so ist das eine Tatsache, die wir bestätigen müssen. Auch das vermeintliche Gute ist nicht gut. Denn gut allein ist Gott. Und er kann nur das akzeptieren, was von ihm selbst gewirkt ist.

Ein schlechter Baum kann keine guten Früchte hervorbringen. Darum macht Gott einen Strich durch all unsere guten Werke, mit denen wir versucht haben, unsere Persönlichkeit aufzuwerten, als könnten wir Gott etwas anderes bieten als unsere grenzenlose Verlorenheit, wo selbst das Edelste noch Spuren der Sünde trägt.

Dann sollten wir uns prüfen: Haben wir wirklich alles ausgeliefert, oder ist noch irgend etwas, was wir nicht herausrücken wollten? Gerade dieses eine, das wir verschweigen wollten, kann erneut zu einem Stützpunkt werden, wo Satan seine Macht zusammenzieht, um gegen uns zu kämpfen. Darum müssen wir unsere geheimen Verliese aufschließen, zu denen kein Mensch sonst Zutritt hat. Wir müssen die Sünde ernst nehmen und nicht mit ihr spielen.

Solch eine Aufrichtigkeit hat zugleich etwas Befreiendes. Wir müssen nicht länger Versteck spielen.

»Die Wahrheit wird euch frei machen«, sagt Jesus (Joh. 8,32). Die Wahrheit aber ist zugleich eine Person (Joh. 14,6).

Wir sind in der Tat erlösungsbedürftig. »Da ist keiner, der da Gutes tut, auch nicht einer (Ps. 14,3). Da kann sich keiner entschuldigen. Und ob die Schuld größer ist oder kleiner, das ist nicht entscheidend. Das Urteil bleibt dasselbe, es lautet: Tod.

Wie erbärmlich sind wir doch! Aber diese eigene Erbärmlichkeit einzugestehen ist nicht das Ende, es ist der Anfang. Denn Gott verachtet nicht ein zerschlagenes Gemüt und ein zerbrochenes Herz (Ps. 34,19). Er will uns nicht im Zerbruch lassen. Dieser Zerbruch soll nichts als Durchgang sein zu etwas Neuem. Zerbrochen werden soll nur unsere alte Wertvorstellung, die Sünde in uns, was uns bindet und unfrei macht, was unser Sein entstellt.

Über die Beichte

Die Beichte ist in erster Linie eine Angelegenheit zwischen dem Beichtenden und Gott; denn letztlich ist es Gott, an dem wir uns versündigt haben (Ps. 51,6). Das bedeutet, daß wir mit dem Bekenntnis unserer Schuld nicht überall herumlaufen sollen oder gar mit unserm Scheitern kokettieren, als wäre es eine Zier. Auch ein Zwangsbekennen, um den Stolz zu brechen, ist keine Lösung, vielmehr eine neue Knechtschaft.

Eine Beichte gehört in das Verborgene, nicht in die Öffentlichkeit. Es mag besondere Situationen geben, wo ich öffentlich das sagen muß, was geschehen ist. Aber in solchen Fällen müssen wir sehr auf der Hut sein, daß wir nicht erneut in eine Falle geraten und stolpern.

Wenn wir aber den Eindruck haben, das Aussprechen vor Gott allein bringt keine Entspannung, es führt im Gegenteil nur tiefer in die Ratlosigkeit hinein, dann kann es eine Hilfe sein, nach einem Menschen Ausschau zu halten. Da wird der Mensch gleichsam als Zeuge gerufen.

Je ferner uns Gott ist, desto leichter wird es in der Regel, sich vor ihm zu erniedrigen. Da kostet es eine weit größere Überwindung, einem Menschen gegenüber die Schuld auszusprechen. Je größer aber die Überwindung, desto größer auch die Befreiung. Wenn ein Bekenntnis zu leicht über die Lippen kommt, wird es wenig ausrichten. So kann es ein Maßstab sein, ob es uns ernst ist, neu anzufangen, ob wir wirklich bereit sind, uns zu verändern, wenn wir vor einem Menschen unsere Schuld eingestehen.

Das Bekenntnis ist ein Akt, der Mut erfordert. Wer zu vertraut mit Gott 'per Du' steht, der sollte in Gegenwart eines Menschen das Bekenntnis ablegen. Das muß nicht regelmäßig geschehen, denn auch darin liegt eine Gefahr. Aber wer eine Generalreinigung — gleichsam einen inneren Hausputz — vornehmen will, tut gut, nach einem geeigneten Helfer zu suchen.

Was in der Beichte von uns verlangt wird, ist im Grunde sehr simpel: höre — gehorche. Beides gehört zusammen. Es gibt Christen, die stopfen alles Gehörte in sich hinein, sie laufen von Evangelisation zu Evangelisation, ohne je das zu tun, was Gott von ihnen fordert. Und dann wundern sie sich, daß ihr Leben so trocken und leer ist. Sie geben Zeugnis — aber ihr Zeugnis hat keine Kraft.

Wenn wir eine Schuld als Schuld erkannt haben, müssen wir uns davon trennen. Das heißt ganz praktisch: Wenn wir diejenigen waren, die einen anderen geknechtet haben, müssen wir ihn freigeben. Wenn wir einem andern Schaden zugefügt haben — ganz gleich, in welcher Form —, müssen wir zu ihm hingehen und sagen: Verzeih! Wenn wir etwas genommen haben, was uns nicht gehört, erstatten wir es wieder zurück. Das sind ganz simple Spielregeln, an die wir uns zu halten haben, wenn Gott unser Gebet erhören und unser Leben Frucht tragen soll.

Aber oft ist die Schuldverflechtung so verstrickt, daß ein Bekenntnis nicht weiterbringt. Vielleicht hat derjenige wieder und wieder gebeichtet und alles getan, was von ihm gefordert wurde — und doch keine Hilfe erfahren. Dann hieß es, daß sein Bekenntnis nicht vollständig war. So quält er sich, um da und dort noch etwas zu finden. Wenn die Verstrickung so tief ist, müssen wir uns fragen, ob hier die Seele krank geworden ist, daß sie nicht mehr schwingen kann, oder ob wir uns in einem Grenzbereich befinden zu einer Welt, in der andere Gesetze herrschen. Da muß die Wurzel tief ausgegraben werden, sonst schlägt sie immer wieder aus.

Im Grenzbereich

Je mehr wir uns mit diesen ineinandergreifenden Strudeln befassen, desto mehr erkennen wir, daß ein guter Rat nichts ausrichten kann. Alle Versuche zu helfen, schlagen fehl. Denn hier befinden wir uns bereits in einem geistlichen Kampffeld.

Satan ist eine Realität. Er ist nicht ein Relikt aus dem Altertum. Er ist der Gegenspieler Gottes, der »aus der Kraft Gottes gegen Gott kämpft«*. Er imitiert Gott, um die Pläne des Schöpfers zum Scheitern zu bringen. Wenn Gott spricht, so macht er eine Frage daraus. Und dieses Mißtrauen setzt sich weiter fort und endet in der Rebellion, im offenen Aufstand gegen Gott. Denn sein Ziel ist es, Gott zu entmachten und Gott als Lügner hinzustellen, als Räuber und Tyrannen, der da zuschlägt, wo es am tiefsten verletzt. Er ist der Durcheinanderbringer, der Sünde eine Tugend nennt, der Haß sät, Ehen zerbricht, Familien entzweit, Hoffnung zerstört, Verzweiflung schürt, Kriege entfacht und mit Morden die ganze Welt in Atem hält. Seine Lust ist Gewalt. Lüge ist sein Charakter. Betrug sein Handwerk. Verschleiern oder Verschieben eine Taktik, die er völlig beherrscht. Er versteht es, sich zu tarnen, sei es als Licht oder als Nichts. Denn er ist ein Lügner von Anfang an. Er ist ein Meister der Entstellung. Seine Taktik

* Hans Rohrbach, Unsichtbare Mächte und die Macht Jesu, Wuppertal 1985, S. 81

ist Entmutigung und Täuschung. Er verspricht, was er nicht hält und raubt, was ihm nicht zusteht. Er kann beides: fromm sein und voller Blasphemie; gut sein und böse. Er kann die Wahrheit sagen und doch lügen. Er kann Licht geben und doch in Dunkel hüllen. Er kann von Liebe reden und Haß ausbreiten. Er sagt Glück und meint Unglück. Er redet von Freude und bringt nichts als Leid. Er verleiht Macht und Ansehen dem, der sich ihm weiht. Er verspricht Leben und bringt Tod. Denn Leben kann er nicht geben. Und Freude kommt nicht aus ihm. Liebe ist nicht in seinem Wesen. Demut nicht sein Charakter. Wie ein Jäger stellt er seine Fallen, um den Menschen zu fangen. Er verspricht Freiheit. Aber wen er gefangen hat, den bindet er mit tausend Stricken, um ihn nie mehr loszugeben. Denn er will den Menschen besitzen, er will über ihn verfügen. So sucht er eine Basis in der Seele des Menschen, um einen verborgenen Stützpunkt zu haben, von dem aus er operiert.

Je komplizierter und verwickelter eine Konstellation sich zeigt, desto größer ist die Wahrscheinlichkeit, daß hier der Fürst dieser Welt sein Spiel treibt, um die Menschen zu knechten.

Wir haben es mit einem mächtigen Feind zu tun, der großen Wert darauf legt, im geheimen sein Reich auszudehnen und seine Herrschaft zu festigen. Sein Reich ist im Dunkel. Und seine Truppen arbeiten im Verborgenen. Seine Tarnung ist beinahe perfekt. Er ist mächtig. Aber er ist nicht allmächtig. Seine Macht ist begrenzt. Er kann nur dort wirken, wo es ihm gestattet wird. Aber überall da, wo ihm der Zutritt gewährt ist, wird er seine Macht entfalten.

Immer häufiger begegnet man Menschen, die ihm freiwillig die Tür öffnen. Sie nehmen es als Spiel und finden es interessant. Andere versprechen sich von ihm Ansehen, Macht, Reichtum, Erfolg.

In den Buchhandlungen der westlichen Länder sind okkulte Abteilungen selbstverständlich geworden. Der Satanismus wird zum Boom. Die Drogenszene ist längst in seiner Hand. Auch die Musikwelt hat er schon weithin erobert. In der Kunst hält er Einzug. Die Literatur würdigt seine Erfolge. Das Fernsehen bringt immer dreister seine Reportagen. Hexen und Wahrsager gewinnen wieder Ansehen, und Kartenleger können öffentlich werben. Seine Diener brauchen sich nicht einmal mehr zu verstecken. Astrologische Beratungen und Horoskope sind zur Selbstverständlichkeit geworden, Yoga und transzendentale Meditation als Kulturgut geschützt. Man lächelt nicht mehr über Magnetiseure. Man verrückt Betten, um den Wasseradern auszuweichen, verlegt Termine, wenn es die Sterne oder die Biorhythmen gut heißen. Karikiere ich? Im Gegenteil. Eine okkulte Welle ungeahnten Ausmaßes rollt auf uns zu. Und niemand weiß, wie weit sie uns schon überspült hat. Und in ihrem Gefolge sind Perversion, Mord und Gewalt.

Wir wollen an dieser Stelle kein 'okkultes ABC' weitergeben. Aber wir wollen deutlich werden lassen, daß wir es mit einem Feind zu tun haben, den wir ernst nehmen müssen. Wir können nicht ungestraft mit ihm spielen. Und überall, wo ihm die Tür geöffnet wird — und sei es nur ein Spalt —, wird er seinen Fuß hineinsetzen und Raum gewinnen.

Gerade in letzter Zeit ist eine große Verunsicherung bei vielen Christen zu beobachten. Vor allem wird gewarnt, als laure hinter jedem Baum eine teuflische Fratze. Da sind es die Homöopathen, da eine bestimmte Therapie, ja, als seien selbst Produkte der Natur nur noch mit Vorsicht zu genießen. Der Feind wird hier und da entdeckt. Man warnt vor diesem oder jenem Zeichen — und merkt nicht, wie Satan im Verborgenen seine Schlingen legt, daß man ihn unterstützt, indem man ihn bekämpft.

Aber vergessen wir bei dem allen nicht: Er ist besiegt. Seine Macht ist gebrochen.

Nicht das, was wir essen, wird uns primär zur Gefahr. Paulus hatte die Freiheit, auch das zu essen, was den Götzen geweiht war (1. Kor. 10,25). »Alles ist euer, ihr aber seid Christi« (1. Kor. 3,23). Welch eine Freiheit, wenn die Beziehung stimmt! »Zur Freiheit hat uns Christus befreit. So steht nun fest und laßt euch nicht wieder das Joch der Knechtschaft auflegen!« (Gal. 5,1) All das, was uns zum Götzen wird, das ist vom Übel. Das, was uns bindet, kommt nicht von Gott. Darum müssen wir unsere Freiheit zurückgewinnen, die Jesus uns erkämpft hat. Wir müssen sie in Anspruch nehmen, ohne uns einschüchtern zu lassen. Wir sind erlöst durch den Tod Jesu. In seiner Auferstehung haben wir den Sieg. Und dieser Sieg bleibt gültig bis in die Ewigkeit.« Der Fürst dieser Welt ist gerichtet« (Joh. 16,11).

Dritte Stufe: Danken für den Sieg

Die dritte Stufe auf dem Wege zur Befreiung ist das Vorzeigen der Siegerurkunde Jesu. Es gilt, die Erlösung in Anspruch zu nehmen. Es ist wahr: Satan ist der Fürst dieser Welt, und die Sünde verleiht ihm Macht und auch gewisse Rechte. »Um unsrer Sünden willen sind wir verkauft« (Jes. 50,1) und »tot durch unsere Übertretungen und Sünden« (Eph. 2,1.2). Aber wir wurden zurückgekauft mit dem Blut Jesu (Offb. 5,9).

Der Begriff Satan kommt aus der israelischen Rechtspraxis und bezeichnet den Ankläger, der die Vergehen des Beschuldigten aufzählt. Aber wenn unsere Schuld durch das Sterben Jesu am Kreuz gesühnt wurde, ist die Anklage Satans nicht mehr rechtskräftig. Er ist besiegt. Er hat ausgespielt. Das ist eine ganz sachliche Angelegenheit. Wir müssen wissen, wo seine Grenzen sind, um uns nicht einschüchtern zu lassen. Das bedeutet: Unsere Stellung muß geklärt sein.

Bevor ein Haus gekauft wird, werden die Eigentumsverhältnisse geklärt und der Kaufpreis festgelegt. Erst wenn die Bedingungen zum Kauf erfüllt sind, wird das Haus in den Besitz des Käufers überschrieben.

Auch wir müssen wissen, zu wem wir gehören.

Über unserem Leben steht das Todesurteil. Aber in dem Augenblick, wo wir uns Jesus unterstellen, kommen wir in seinen Herrschaftsbereich. An seinem Kreuz stirbt unsere Schuld. In seinem Tod finden wir Leben. Der Preis für unsere Befreiung wurde bereits vor fast zweitausend Jahren gezahlt. Damit ist das Eigentumsverhältnis geklärt. Seine Auferstehung ist der Beweis für unsere Erlösung. Und dieser Kaufvertrag bleibt rechtsgültig für alle Zeit.

Manchmal versucht Satan, alte Rechte geltend zu machen, indem er die Sünden der Väter und Vorväter aufzählt. Aber auch diese alten Rechtsansprüche wurden ihm entzogen. Und wenn er seit Generationen versucht, auf seinem alten Recht zu bestehen, so werden wir ihn daran erinnern und ihm den Kaufvertrag vorhalten. Er hat keinen Kündigungsschutz, wie ihn alte Mieter genießen. Die Kündigung tritt fristlos in Kraft. Es ist auch kein Entlassungsgesuch aus der Gefangenschaft, das abgelehnt werden könnte. Wir müssen nicht zittern, wie von höchster Stelle darüber entschieden wird. Wir haben einen Rechtsanspruch auf unsere Befreiung. Denn der Preis für unsere Freiheit wurde längst gezahlt. Nur machen wir von unserer Freiheit keinen Gebrauch.

Wo immer wir die Fesseln in unserem Leben spüren und die Gebundenheiten erkennen, müssen wir uns auf diesen Vertrag berufen und unsere Freiheit in Anspruch nehmen. Vielleicht sitzen wir in unserem Kerker und jammern und klagen und haben nie versucht, die Tür von unserem Gefängnis zu öffnen. Sonst hätten wir gemerkt, daß sie längst aufgeschlossen ist. Wir haben es nur nicht gewußt. »Es ist vollbracht«, hat Jesus noch im Sterben gesagt (Joh. 19,30).

Diese Tatsache wollen wir Satan entgegenhalten, wenn er uns zu täuschen versucht, als hätte er ein Recht. Dann sagen wir ihm, daß wir nichts mehr mit ihm und all seinen listigen Anläufen zu tun haben, daß nichts mehr uns an seine Mächte binden kann. Und wenn wir in diesem Wirbel fortgerissen werden, dann sagen wir uns los im Namen Jesu von jedem Einfluß, der durch unsere Eltern oder andere Menschen auf uns gekommen sein könnte. Und wenn wir wie gelähmt sind von den stummen Befehlen, denen wir scheinbar machtlos ausgeliefert sind, dann sagen wir uns los von dem Aberglauben, mit dem wir bewußt oder unbewußt zu tun hatten. Dann sagen wir es Satan ins Gesicht, daß wir Jesus gehören, ihm ganz allein.

Was immer uns bindet — wir sagen uns davon los.

Wir bekennen unseren Glauben und schleudern dieses Bekenntnis der Hölle entgegen: Ich glaube, daß Jesus für meine Schuld gestorben ist. Er hat mich erlöst. Ich gehöre ihm. Für ihn allein will ich leben. Niemand sonst soll je wieder über mich herrschen. Ich bin frei. Das ist Grund zum Danken. Zum Loben. Grund zur Freude.

Es gibt Beispiele, bei denen durch eine Klarstellung der Eigentumsverhältnisse eine durchgreifende Erneuerung geschehen ist. (Häufiger aber sind die Beispiele zu nennen, bei denen solch eine Klarstellung lediglich zu einem neuen Start verhalf.) Da geht es nicht ohne Kampf. Es ist wie ein Stellungskrieg, bei dem ein Stadtteil nach dem andern erobert wird.

Auch dem Volk Israel war nicht das ganze Land auf einmal zugefallen. Es galt, nach und nach Stück um Stück zu erobern. Das Land gehörte ihnen. Gott hatte es versprochen und für sie bestimmt. Aber nur das Gebiet, auf das sie ihren

Fuß setzten, konnten sie für sich beanspruchen. So wuchsen sie in ihre Freiheit hinein.

Vielleicht auch hätten sie so viel Freiheit auf einmal gar nicht verkraftet. Sie hätten gar nicht gewußt, damit umzugehen. Ein Gebiet nach dem andern mußte eingenommen werden.

Aber auch wenn keine dramatische Befreiung sofort sichtbar wird, ist es der Weg, der zum Ziel führt: Ich beanspruche die Freiheit, die Jesus mir erworben hat, und danke für die Erlösung.

Wie geschieht nun solch eine Inanspruchnahme unserer rechtsmäßigen Freiheit?

Im Volk Israel spielte der Name eine wichtige Rolle. Der Name war zugleich eine Bestimmung. Andererseits verleiht der Name eine gewisse Macht über den andern. Ähnlich wie in dem Märchen vom Rumpelstilzchen. In dem Augenblick, wo sein Name bekannt war, verlor es seine Macht. So auch müssen wir dem Reiter, der uns beherrscht, einen Namen geben.

Nachdem wir uns über unsere Stellung klar geworden sind, müssen wir die einzelnen Punkte, die uns gefangennehmen, ansprechen und von uns weisen: »Ich bin mein Leben lang ein Gefangener gewesen, gesteuert von einer fremden Macht, die mich unrechtmäßig beherrschte. Mit suggestiver Gewalt wurde mir ein anderer Wille aufgezwungen. Ich mußte tun, was ein anderer mir gebot, sei es mit Worten oder mit dem Gefühl. Aber jetzt will ich nicht länger Sklave sein, denn ich bin zur Freiheit berufen (Gal. 5,13). Darum sage ich mich los von dieser Macht, die mich gesteuert und wie ein Fluch in meinem Leben gewirkt hat. Ich lasse mich nicht länger beherrschen. Darum distanziere ich mich davon, indem ich eine klare Absage spreche.«

»Ich war auf die Mutter fixiert (oder den Partner, auf den Arbeitgeber oder den Kollegen) und habe damit einen Menschen zum Gott gemacht. Der Mensch ist an die Stelle Gottes getreten. Das ist nichts anderes als Götzendienst. Ohne es zu wissen, habe ich damit das erste Gebot übertreten und einen andern zum Herrn über mein Leben gemacht.« Das ist eine Schuld, die ich beim Namen nennen und mich davon lossprechen muß.

Wir müssen den Feind erkennen und ihm einen Namen geben, um ihn wirksam zu bekämpfen. Und dieser Feind hat viele Namen. Es ist wie ein Guerillakrieg. Einen Feind nach dem andern müssen wir entmachten und vertreiben.

Da ist die Sorge, die mich gefangennimmt. Ich sage mich los von meiner Sorge. Von der Sorge um mich selbst oder um einen anderen.

Da ist der Groll, der sich so tief in meinem Leben festgekrallt hat: Ich sage mich im Namen Jesu los.

Da ist das Selbstmitleid, der Stolz, die Eigenliebe, die Eitelkeit, Neid, Eifersucht, das Selbstmitleid, der Haß, der in mir gärt. All das, was in mir verborgen ist, hole ich ans Licht. Dann verliert es seine Kraft. Ich löse mich davon.

Ich gebe nicht zu, daß dieses Gefühl mich noch länger beherrscht. Dann werde ich mich nicht damit rechtfertigen: Ich bin nun einmal so ängstlich veranlagt. Dann verweigere ich mich der Angst. Dann bin ich entschlossen, mich nicht länger von der Angst beherrschen zu lassen. Ich lasse mich nicht mehr zwingen. Ich habe diesem Gefühl bis dahin Raum gegeben in meinem Leben. Jetzt schiebe ich dem einen Riegel vor. Ich sage mich los von dieser Angst, mit der ich mich selbst und andere eingeengt habe und die mich beherrscht hat.

So können Sie einen Punkt nach dem andern nennen, der Ihnen beim Lesen dieser Zeilen gezeigt worden ist (siehe Kreislauf). Aber — so mögen Sie einwenden, handelt es sich hier nicht nur um ein Gefühl? Kann man sich von einem Gefühl lossprechen? Wenn man das Gefühl als Feind erkannt hat, kann man es beim Namen nennen. Dadurch wird dieses Gefühl konkretisiert. Dann heißt es nicht mehr: »Das ist meine Schwäche«, dann wird dieses Gefühl zum Feind. So hat sich ein Faktor herauskristallisiert, dem ich einen Namen geben kann.

Das Gefühl kann sogar so stark werden und solch eine Macht ausüben, daß wir noch einen Schritt weitergehen können. Es ist nicht mehr nur ein Impuls, es ist eine Gesinnung geworden, ein Geist. Und diesem Geist können wir im Namen Jesu gebieten: »Du Geist der Sorge — ich gebiete dir, daß du von mir weichst.« — »Du Geist der Unreinheit — im Namen Jesu gebiete ich dir, daß du mich freigibst.«

Und sooft wir von der Macht eines Gefühls überfallen werden, weisen wir diesen Überfall im Namen Jesu zurück.

Jesus gebot dem Wind und dem Meer (Matth. 8,26). Er gebot dem Fieber und der Krankheit (Lk. 4,39). Wind und Wellen und auch die Krankheit haben keine Ohren, mit denen sie hören. Aber sie sind Auswirkungen einer anderen Macht. Sie sind zu Dienern geworden mit dem Auftrag, zu stören und zu morden. Und diese Diener weisen wir auf ihren Platz zurück. Sie haben kein Recht, auf ein Gebiet überzugreifen, das Jesus für uns erobert hat. »Gott aber sei Dank, der uns den Sieg gegeben hat!« (1. Kor. 15,57) »Ich habe euch Macht gegeben«, sagt Jesus zu seinen Jüngern, »Macht über alle Gewalt des Feindes« (Lk. 10,19).

Vierte Stufe: Vergebung

Die Kaufsumme für unsere Freiheit ist hinterlegt und die Macht uns zugesichert. Aber sie ist an einige Bedingungen geknüpft. Und der Feind wird das Feld nur dann räumen und die Autorität erst dann akzeptieren, wenn diese Bedingungen erfüllt sind. Eine dieser Bedingungen ist: Vergib dem, der an dir schuldig geworden ist. Und damit sind wir bei der vierten Stufe der Befreiung: Vergebung austeilen.

Dem andern zu vergeben ist die Voraussetzung, um selbst Vergebung zu empfangen. »Vergib deinem Nächsten, was er dir zuleide getan, so werden dir deine Sünden auch vergeben« (Sirach 28,2). Über das Thema Vergebung haben wir bereits ausführlich in unseren Büchern *Achtung Fehlschaltung* (S. 26ff) und *Das verlorene Ich* (S. 72) geschrieben, so daß wir hier weithin darauf verzichten möchten. Nur einzelne Punkte werden wir in diesem Zusammenhang noch nennen.

Jesus lehrte seine Jünger beten: »Vergib uns unsere Schuld, wie auch wir vergeben unsern Schuldigern« (Matth. 6,12). Und gleich darauf fügte er erklärend hinzu: »Denn wenn ihr den Menschen ihre Verfehlungen vergebt, so wird euch euer Himmlischer Vater auch vergeben. Wenn ihr aber den Menschen nicht vergebt, so wird euch euer Vater eure Verfehlungen auch nicht vergeben (Matth. 6,14.15). Und an anderer Stelle: »Wenn ihr steht und betet, so vergebt, wenn ihr etwas gegen jemanden habt, damit auch euer Vater im Himmel euch vergebe eure Übertretungen« (Mk. 11,25).

Wenn wir nicht vergeben, ist unser Beten nur leeres Geschwätz ohne Kraft. Ein Selbstbetrug. Mehr noch: eine Lästerung, weil wir mit dem Heiligen spielen. Gottes Gebot aber ist kein Spielzeug. Da geht es um Leben und Tod.

Oft setzt gerade an dieser Stelle ein ganz massiver Frontalangriff ein. Da kommt es zum Nahkampf. Da schreit ein Mensch nach Rache. »Vergeben, was der mir angetan hat?« Vielleicht nennen wir es nicht Rache, das klingt nicht fromm genug und würde zu leicht den Feind verraten. Aber das Ergebnis ist doch das gleiche. Man weigert sich, Vergebung auszuteilen. Und indem man sich weigert, wird man blind für die eigene Schuld. Denn wer sich selbst im Licht Gottes sieht, der kann gar nicht anders, als seine eigene Schuld groß und die Schuld des andern klein zu sehen.

Jesus erwartet von uns, daß wir nicht fordern, sondern geben. Nicht in Form einer Vergeltung, indem wir zurückschlagen und unser Recht durchsetzen, sondern indem wir vergeben. Nicht nur mit Worten, sondern von Herzen (Matth. 18,35).

Ist das zu viel verlangt? Als Beschenkte sollen wir schenken. Das ist göttliches Prinzip, über das wir nicht diskutieren, sondern dem wir gehorchen sollen.

Wenn ich vergebe, liefere ich mich nicht an den andern aus, sondern gebe ihn frei. Ich selbst aber gehöre zu Jesus. Diese Zugehörigkeit gibt mir eine sichere Position. Denn vergeben heißt nicht, in die alte, einengende Beziehung zurückzugehen. Ich bin nicht Eigentum des andern. Dieses Bewußtsein macht frei.

Vergeben hat zunächst nichts mit dem Gefühl zu tun. Es ist eine Entscheidung. Wir brauchen nicht darauf zu warten, bis wir in uns die Bereitschaft zur Vergebung spüren. Wir sollen im Gehorsam handeln.

Hindernisse auf dem Weg

a) Rache

An diesem Punkt der Vergebung scheitern viele Christen. So gibt es auf dem Weg zu unserer Befreiung auch Hindernisse, die wir beachten müssen. Und diesen Hindernissen liegt dasselbe Prinzip zugrunde: Sie sind zum Götzen geworden, zu einem Bild, dem beinahe göttliche Verehrung zuteil wird. Solch ein Bild muß nicht aus Holz geschnitzt oder aus Gold gegossen sein — obschon auch materieller Besitz ein Hindernis auf dem Weg zur Befreiung werden kann. Da will ein Mensch sich nicht lösen von dem, was seine Hände erschaffen haben oder sein Geist erdacht, was er erarbeitet hat oder was ihm als Erbe zugefallen ist. Aber diese Götzen können auch ein geistiges Gut sein, eine Haltung, eine Überzeugung, ein Lebensprinzip, von dem wir nicht abrücken, das wir nicht loslassen wollen, das uns bindet.

Auch unser Gerechtigkeitsempfinden kann zum Götzen werden, unser Vergeltungswunsch, die Rachsucht genauso wie unsere Eitelkeit. All das, was sich zwischen Gott und uns schiebt wird damit zum Götzen. Sogar die Schuld eines andern kann indirekt zum Material werden, aus dem wir unsern Götzen schmieden, um uns an unserer eigenen Gerechtigkeit zu freuen. So ist das erste Hindernis auf dem Weg der Befreiung, daß wir uns weigern, dem andern zu vergeben. Da fangen wir an, seine Schuld aufzuzählen.

Es mag sein, daß der andere an uns schuldig geworden ist. Aber wir? Hat nicht auch unsere Sünde einem andern das Leben gekostet?

Ich denke wieder an Marion: »Ich kann nicht vergeben. Es war zuviel, was meine Mutter mir angetan hat.«

Aber war nicht auch ihre Mutter ein Opfer? Hat sie nicht letztlich nur fortgesetzt, was sie in ihrem eigenen Leben erfahren hat? Wodurch ist sie geworden, was sie jetzt ist? Sollten wir nicht barmherzig sein mit dem andern?

»Mein Leben ist total verpfuscht.«

Ist es wirklich verpfuscht? Kann nicht vielmehr das, was zerbrochen ist, neu werden?

»Dazu bin ich zu alt.«

Was sind Jahre vor Gott, der die Zeit erschaffen hat? Kann nicht die Zeit, die jetzt noch verbleibt, in einem viel größeren Segen gelebt werden als dreißig, ja, sechzig Jahre zuvor?

Wenn wir den andern vor uns sehen in seiner eigenen Befangenheit und traurigen Vergangenheit, sollte es uns dann nicht leicht werden, ihm zu vergeben? Er selbst war ja Opfer und dann Werkzeug einer anderen Macht.

Da warten wir auch nicht, bis der andere zu uns kommt und uns um Vergebung bittet. Wir stellen keine Bedingung. Schon unsere Haltung ihm gegenüber zeigt, daß wir die Schuld nicht horten. Ja, wir haben ihm schon vergeben, bevor er uns bittet. »Das ist zu viel verlangt.«

Und wir? Leben wir nicht von der Vergebung? Wir sollen es ja nicht aus eigener Kraft. Wenn wir zur Vergebung bereit sind, wird Gott in uns dieses Wunder bewirken.

b) Selbstgerechtigkeit und Stolz

Ein anderes Hindernis wäre, daß wir uns selbst nicht vergeben wollen (*Das verlorene Ich,* S. 62 ff). Da wollen wir selbst sühnen. Das aber würde bedeuten, sich selbst zu erlösen. Die eigene Gerechtigkeit aufrichten und an dem eigenen Gutsein herumflicken zu wollen.

Wir können uns nicht selbst erlösen.

Es gibt Menschen, die sind äußerst bemüht, ein anständiges Leben zu führen. Und wenn sie in irgendeinem Punkt versagen, kommen sie einfach nicht mehr darüber hinweg. Da grübelt es unentwegt in ihnen. Und dieses Grübeln ist wie ein Sog, der alle Gedanken in Anspruch nimmt, Tag und Nacht. Sie leben wie in einer Trance. Ihr Versagen wird zu einem unüberwindbaren Hindernis.

Solch ein Mensch kann sehr grausam sein in seiner Selbstgerechtigkeit. Weil er sein eigenes Ideal nicht erreicht hat, bestraft er sich. Diese Selbstbestrafung kann bis zur Selbstzerstörung gehen.

Dahinter aber steckt das Prinzip Schuld und Sühne. Und dieses Prinzip ist nichts anderes als der Fluch, sein wollen wie Gott — doch ohne Gott (1. Mose 3,5).

So kann die gute Meinung über uns selbst uns daran hindern, ein Leben in der Freiheit zu führen, wie es uns von Gott zugedacht war, weil wir nicht zugeben wollen, Sünder zu sein. Da weigern wir uns, unserer Sünde ins Gesicht zu sehen. Da suchen wir tausend Ausflüchte, um unsere Schuld zu verstecken, tausend Begründungen, mit denen wir unser Tun zu rechtfertigen versuchen, anstatt zu bekennen: ich habe falsch gehandelt. Ich habe mich geirrt. Ich bin schuldig geworden.

Unsere Eitelkeit hindert uns daran, das Bild, das wir selbst von uns hatten, zu beschmutzen. Der Stolz läßt das nicht zu. Wie wichtig nehmen wir uns! Wir können uns nicht damit abfinden, Sünder zu sein. Wir wollen nicht auf Vergebung angewiesen sein.

Wenn der Beter in den Psalmen sagt: »Meine Sünden sind über mein Haupt gegangen« (Ps. 38,5), so wird er von dem Ausmaß seines Verlorenseins gleichsam überschwemmt, so daß jeder Versuch einer Selbstrechtfertigung lächerlich wirkt.

Ich habe manches Mal den Eindruck, daß es leichter ist, wenn ein Heide sich zu Jesus Christus bekehrt, als einer, der zwar Sonntag für Sonntag in der Gemeinde sich als Sünder bekennt, aber letztlich sich nie in seiner Verlorenheit erkannt hat. Die Erlösung ist für ihn zu einem intellektuellen Wissen geworden, aber keine Notwendigkeit, keine Existenzfrage. Er wurde stets gespeist, bevor der Hunger aufkommen konnte. Was aber Brot und Wasser in Wahrheit bedeuten, weiß nur der recht einzuschätzen, der Hunger hatte und am Verdursten war. Erst dann wird der Dank und das Lob aus tiefster Tiefe zu Gott aufsteigen.

Ist es so schwer, zuzugeben: Ich habe gesündigt? Wollen wir unsere Erfolge aufbauschen, um dahinter unser Scheitern zu verstecken? Dann werden wir nie frei.

Man kann über das Sündersein predigen — und doch an seiner Selbstgerechtigkeit festhalten. Wer frei werden will, muß seinen Stolz aufgeben.

Was hindert uns? Ist es nicht letztlich das Verliebtsein in uns selbst? So werden wir zu unserem eigenen Götzen.

Wie oft sind mir Menschen begegnet, die waren voller Bitterkeit. Aber ihre fromme Fassade ließ es nicht zu, ihre Bitterkeit zuzugeben. So überdeckten sie ihr Elend mit frommen Sprüchen und sahen nur den Splitter im Auge des andern. Ihr Stolz hatte sie geblendet.

Aber dann, wenn der Heilige Geist diese Decke von unseren Augen nimmt und Licht in unser Leben bringt, werden wir von der Last unserer Sünde zu Boden geschmettert.

So bleibt das Überführen von der Sünde letztlich Gottes Werk. Und doch sagt sein Wort: »Dem Aufrichtigen läßt es der Herr gelingen« (Sprüche 2,7).

Irgendwann muß im Leben eines Menschen der Schrei aus der Tiefe zu Gott dringen: »Ich elender Mensch, wer wird mich erlösen!« (Röm. 7,24).

»Ich will eine Hilfe schaffen dem, der sich danach sehnt«, verspricht Gott in seinem Wort (Ps. 12,6). Wer diese Sehnsucht nach Erlösung in sich trägt, wer unter der Last seines Scheiterns seufzt und von der Schwere seiner Schuld niedergedrückt wird, der darf hoffen, denn der Tag seiner Befreiung ist nicht mehr fern.

c) Selbstmitleid

Ein weiteres Hindernis auf dem Weg der Befreiung ist das Selbstmitleid. Da will ein Mensch festhalten — nicht nur an der eigenen Gerechtigkeit oder der eigenen Lebensvorstellung. Es gibt so vieles, wovon wir uns nicht lösen wollen: was zum Besitz geworden ist, was Wert hat für uns. Da sind es die Kinder. Da ein anderer Mensch. Da die Karriere. Die Ehre. Das Ansehen. Das Geld. Die finanzielle Sicherheit. Das Haus.

Aber auch Krankheit und Leid können zu einem Kapital werden, das Macht verleiht; zum Götzen, dem göttliche Verehrung zuteil wird. Niemand darf an der Schwere und Tiefe ihres Leidens zweifeln. Im Grunde wollen sie nicht mehr darauf verzichten. Sie leiden nicht im Verborgenen, sondern durch ihr Leid erheben sie sich über andere, die vom Leid ihrer Ansicht nach verschont geblieben sind. So wird ihr Leid zu einem Wert, mit dem sie die eigene Persönlichkeit aufwerten. Wenn das Leid von ihnen genommen würde, hätten sie ihrer Meinung nach nichts mehr, das sie vor andern auszeichnet. Dann wären sie nichts. So gibt es einen Wettkampf im Leid, um wenigstens da jemand zu sein.

Das Selbstmitleid, welch eine Macht kann es darstellen! Da wird uns die Frage gestellt: wollen wir wirklich frei sein oder brauchen wir die Klage, um von anderen getröstet zu werden?

Wer frei werden will, muß loslassen. Er darf nichts mehr festhalten, auch nicht an dem Vorzug, am tiefsten gelitten zu haben. Sonst gleicht sein Leben einem Schiff, das im Hafen vor Anker liegt. Was hilft das große, offene Meer, die große Sehnsucht nach Freiheit und Weite, wenn dicke Schiffstaue das Schiff am Auslaufen hindern.

d) Bindungen an Menschen

Irgendwo hat jeder seine Stricke, die ihn binden, Dinge, die er nicht aufgeben will; Beziehungen, die er nicht verlieren möchte. So seufzen wir über unsere Gefangenschaft — und wollen doch zugleich in ihr bleiben.

Aber frei wird nur der, der auch frei werden will.

Ich muß die Fesseln abstreifen. All das, was mich an meine Gefangenschaft erinnert, beiseite schaffen, und zugleich muß ich den freigeben, der durch mich gefangen ist.

Und an diesem Punkt schlägt die Hoffnung bei vielen um in die Resignation.

»Laß los, die du mit Unrecht gebunden hast. Laß ledig, auf die du das Joch gelegt hast. Gib frei, die du bedrückst, reiß weg jedes Joch ...« (Jes. 58,6).

Sind wir bereit, unsere Hände zu öffnen, die Stricke zu lösen, mit denen wir einen andern gebunden halten? Sind wir bereit, den Preis für unsere Freiheit zu zahlen? Oder ziehen wir es vor, in unserer Gefangenschaft zu bleiben, um weiter Schlingen zu legen?

»Das kann ich nicht. Das ist unmöglich!« Wie oft habe ich diesen Satz gehört. Es ist, als würde ein Mensch ins Bodenlose stürzen, wenn ihm auch der letzte Strohhalm genommen wird. Und solange ein Mensch keinen stärkeren Halt hat, ist es in der Tat unmöglich. Er muß eine neue Bindung eingehen, um die alte lösen zu können. Er muß eine neue Beziehung schaffen, um von der alten loszukommen. Er muß ein neues Ziel haben, um sein bisheriges gering zu achten. Mit andern Worten: Er muß den kennenlernen, der ihm wahres Leben geben kann, damit er alles andere für nichtig erachtet.

Der Helfer als Götze

»Herr Doktor, Sie sind der einzige, der mir noch helfen kann« oder »Sie sind meine letzte Hoffnung«. Und manch ein Seelsorger ist in die Falle geraten. Da wird seiner Eitelkeit geschmeichelt: Alle haben versagt, jetzt zeige ich, was ich kann ...

Raubt er damit nicht Gott die Ehre? (Röm. 2,22) Ihm graut vor den Götzen, und doch raubt er Gott, was sein ist.

Da wird der Berater zum Götzen gemacht, und der Mensch

hat wieder etwas, an das er sich klammern kann, etwas, das ihm zum Ziel geworden ist. Anstatt mit Jesus zu sprechen, schüttet er einem Menschen das Herz aus. Und damit wird nur zu oft der echte Heilungsprozeß hinausgezögert. Ja, gar nicht selten ist es so, daß sich der Mensch nicht einmal mehr von Gott helfen lassen will. Da will er Hilfe nur durch diesen einen Menschen. Und er sucht Mittel und Wege, um Zuwendung zu erzwingen. Wo aber Bilder aufgerichtet werden, kann keine Heilung geschehen.

Oder vielleicht tritt eine Pseudoheilung ein. Aber solch ein Leben bleibt in der Abhängigkeit und trägt keine Frucht. Denn Gott ist ein eifersüchtiger Gott. »Aller Menschen Hand hält er verschlossen, daß die Leute lernen, was er tun kann« (Hiob 37,7).

Das bedeutet nicht, daß der Ratgeber den Ratsuchenden von sich weisen soll. Es gibt im Leben der Menschen Situationen, da braucht der Mensch eine Begleitung, da ist er ein Stück auf die helfende Hand eines andern angewiesen. Aber das muß Durchgang bleiben und darf niemals Ziel werden.

Hier braucht ein Ratgeber Weisheit, um unterscheiden zu können. Ja, er muß seine eigenen Motive überprüfen. Ist es Mitleid, das ihn steuert, oder die Angst, den andern zu verletzen und ihn damit noch tiefer zu stoßen? Oder ist es die Scheu, an persönlicher Ehre einzubüßen?

Vielleicht macht der Helfer Zugeständnisse. Wieder und wieder. Er fühlt sich sich erpreßt, aber er wagt nicht, dem Leidenden zu widerstehen und merkt nicht, wie der andere das Leid zu einer Macht umformt, um sein Opfer zu zwingen, und es schließlich in seine Gewalt bringt.

In Jesaja 31,3 spricht Gott zu seinem Volk, das sich um Hilfe an Ägypten wendet: »Ägypten ist Mensch und nicht Gott, und seine Rosse sind Fleisch und nicht Geist. Und der Herr wird seine Hand ausstrecken, so daß der Helfer strauchelt, und der, dem geholfen wird, fällt und alle miteinander umkommen.« Ein hartes Wort. Denn Ägypten ist zum Götzen geworden.

Und der, der Hilfe sucht? Ein Zögern. Zurückhalten. Man will nicht hundertprozentig aufgeben. Einen Rest noch möchte man für sich behalten. Man klebt an seinem Hilfsbedürftigsein, um weiter Hilfe zu erhalten. Da braucht man diese Abhängigkeit, dieses Angewiesensein auf einen Menschen, um sich nicht ganz aufgeben zu müssen.

Aber nur der, der nichts mehr zu verlieren hat, ist frei.

Die Bilanz

Bei dem Bekennen hatten wir es mit einzelnen Dingen zu tun, die uns zur Schuld geworden waren. Jetzt aber müssen wir erkennen, daß wir in unserem Kern schon sündig sind. Daß da nichts Gutes ist, daß selbst unser bestes Wollen von Sünde entstellt ist. Daß all unser Mühen nichts einbringt und letztlich nur Tünche ist, die das Grundverdorbensein zudecken will. Hier muß der Heilige Geist uns zu Hilfe kommen, daß wir uns selbst als schuldig erkennen. Nicht nur in einzelnen Punkten haben wir versagt und brauchen Vergebung, sondern unser ganzes Sein muß ausgetauscht werden. Darum müssen wir nicht nur unsere Sünden ausliefern, sondern uns selbst.

Vor mir sitzt eine alte Mutter und weint. Ihre Kinder sind längst aus dem Haus. Jetzt sieht sie, was sie alles falsch gemacht hat. Sie sieht, wie die Saat ihrer Schuld aufgeht im Leben der Kinder ...

Ein junger Mann. Er hat versagt und weiß zugleich: Im

Grunde ist es meine Schuld. Ich bin nicht ehrlich gewesen. Ich habe das verdient ...

Ein Siebzehnjähriger: Ich habe meiner Familie das Leben zur Hölle gemacht. Ich kann mich selber nicht verstehen. Jetzt ist meine Mutter tot. Ich werde verrückt, wenn ich über meine Schuld nachdenke. Ich kann nichts wiedergutmachen ...

Eine junge Frau: Meine Eifersucht hat meinen Mann aus dem Haus getrieben. Ich bin schuld ...

Ein Vierzigjähriger: Ich wollte das Leben genießen und habe meine Frau betrogen. Meine Schuld — meine Schuld ...

Ein Dreißigjähriger: Im Sex habe ich Anerkennung gesucht. Mich ekelt vor mir. Ich möchte fliehen — und weiß doch nicht wohin ...

Eine Frau, Mitte Fünfzig: Mein Leben ist umsonst gelebt. Es ist zu spät. Ich habe alles falsch gemacht ...

Eine Lehrerin: Ich habe mich selbst betrogen und andere ins Unglück gebracht. Wie kann ich weiter leben!

Ein Prediger: Der Gott, an dem ich gescheitert bin, war mein Ich. Ich bin an Gott schuldig geworden und habe andere dahin gebracht, schuldig zu werden ...

Ein Geschäftsmann: Seit dreißig Jahren bin ich auf der Flucht. Jetzt hat mich meine Schuld eingeholt ...

Da zieht das Leben vorbei wie ein Schatten, ein dunkler, belastender Schatten, unwiderbringlich vorbei. Jahre, die wir so anders hätten nutzen können. Zeiten, die wir so anders hätten füllen können. Die Klage, die Reue, unser Heulen und Jammern ist umsonst. All das, worauf wir unsere Hoffnung gesetzt hatten, ist nicht mehr. All das, was wir so gut gemeint hatten, gilt nicht mehr. So sind unsere Götterbilder zerbrochen. Nur Tümmer sind noch geblieben. Das Leben ist verpfuscht.

Da können die Wogen über einem Menschen zusammenschlagen. Er hat ein Leben lang nach einem Muster gelebt.

Sollte er jetzt zugeben, daß alles falsch gewesen ist? Das würde ja heißen, das Leben umsonst gelebt zu haben. Man kann doch nicht das Leben zurückschrauben und noch einmal von vorne beginnen. Die Chance ist vorbei.

Aber ist es wirklich zu spät? Ist das nicht wieder eine List des Betrügers? Wenn wir dieser Stimme erliegen, sind wir erneut ihm ins Netz gegangen.

Wir gehen von uns aus, von unseren Möglichkeiten, und wissen nichts von der Kraft Gottes, der aus dem Nichts das Weltall schuf und aus den Steinen dem Abraham Kinder erwecken kann.

Was wissen wir, ob die Zeit, die dann noch verbleibt, nicht einen weitaus größeren Segen in sich birgt, als ein gelebtes Leben davor? Er kann selbst die Jahre erstatten, die die Heuschrecken gefressen haben (Joel 2,25).

Im Leben von Susanne war alles schief gelaufen. Sie verachtete ihre Eltern und fühlte sich von ihnen nicht geliebt. Ihr Vater nörgelte an allem herum, nichts war ihm gut genug. Auch nicht seine eigene Frau. Diese hatte sich längst innerlich von ihrem Mann getrennt.

Um ihr verlorenes Selbstwertgefühl zurückzugewinnen, half sie den Schwächeren. Aber sowohl in der Gemeinde als auch in der eigenen Familie wurde es deutlich, daß sie den Schwächeren brauchte, um sich aufzuwerten.

Nun war Susanne als Kind häufig krank gewesen. Und das hatte zur Folge, daß sie die Mutter in besonderer Weise beanspruchte. Hier hatte die Mutter einen neuen Lebensinhalt gefunden. Diese Einengung wurde für Susanne zu einer unerträglichen Klammer.

Mit 29 Jahren mußte sie heiraten. Aber diesen Mann, der wesentlich älter war als sie, konnte sie nicht lieben. Ja, sie war überhaupt nicht fähig, einen anderen zu lieben. Auch nicht ihr Kind. Im Gegenteil, es war ihrem Aufstieg im Wege, denn sie hatte beschlossen, ihren Eltern zu beweisen, daß sie jemand ist. Aber jetzt war das Kind da. Zunächst wuchs es bei den Großeltern auf. Und jedesmal, wenn am Wochenende die junge Mutter ihr Kind zu sich holte, überschüttete sie es mit Zärtlichkeit. Aber letztlich geschah es, um ihr schlechtes Gewissen zu beruhigen.

Die Ehe klappte nicht. Und bald darauf ließ ihr Mann sich von ihr wieder scheiden. Jetzt stand sie allein. Sie gab ihr Studium auf. Voller Bitterkeit. Und eines Tages überfielen sie Mordgedanken gegen ihr eigenes Kind. Es war wie ein Zwang. So kam sie zu mir.

Und dann gingen wir miteinanader diesen ganzen Kreislauf durch. Von Station zu Station. Und sie mußte erkennen: Das ist mein Leben. So verpfuscht. So voller Schuld und Entgleisung. Und die Verantwortung für dieses Leben trage ich. Ich ganz allein. Nicht meine Mutter. Nicht mein Vater. Nicht die unglückliche Konstellation.

Als ihr das bewußt wurde, ist sie beinahe zerbrochen. Mit einem Male erkannte sie ihren Stolz und ihre Überheblichkeit, ihr Geltungsbedürfnis, den Selbstbetrug, die Rachsucht, Selbstgerechtigkeit und tiefe Verworfenheit.

Ein Punkt nach dem andern stand gegen sie auf. Dinge, die sie längst vergessen glaubte. Das, was sie getan hatte, gesagt, gedacht ... Die Schuld raubte ihr den Schlaf. Alte Träume — jetzt klagten sie an. Sünden ihrer Jugend gaben sie nicht mehr frei. Jetzt mußte sie zahlen. Zahlen für das, was sie gesät hatte. Und sie stellte fest: mein Leben reicht nicht aus, die Sünden abzutragen. Ich bin verloren. Und die Schlinge zog sich immer enger zusammen.

Da schrie sie zu Gott. Aber alles blieb stumm. Dann suchte sie ihre Bibel und fing wie zufällig an zu lesen: »Dein Schaden ist verzweifelt böse, und deine Wunden sind unheilbar.

Deine Sache führt niemand, es kann dich niemand heilen. All deine Liebhaber vergessen dich, fragen nichts nach dir ...« Und sie las und las, als wäre es für sie geschrieben. Dann kamen die Worte: »Aber dich will ich wieder gesund machen und deine Wunden heilen, spricht der Herr.« Und dann fiel ihr ein anderes Wort ein aus dem Propheten Jesaja. Wie oft hatte sie dieses Wort schon gehört, aber nie wirklich verstanden: »Er ist um unserer Missetat willen verwundet und um unsrer Sünde willen zerschlagen. Die Strafe liegt auf ihm, auf daß wir Frieden hätten, und durch seine Wunden sind wir geheilt« (Jes. 53,5).

In dem Maße, wie sie sich als Sünder sah, wurde er zum Heiland. Er hatte ihr Scheitern zu seinem eigenen gemacht. Da am Kreuz war ihre Schuld gesühnt. Gott hatte Punkt für Punkt gestrichen und die Anklageliste zerrissen. Sie war frei. Diese Erkenntnis war wie eine Erneuerung.

Fünfte Stufe: Hingabe

Vielleicht hat ein Mensch in der Tat alle Schuld aufgezeigt, in alle Kammern Einblick gewährt — aber sich selbst vorenthalten. »Gott, du kannst alles haben. Nur ich selbst gehöre mir.« Er ist bereit, die Sünde zu geben. Aber sich selbst hält er zurück.

Aber Gott liegt nichts an unseren Gaben — was könnten wir ihm auch geben! Ihm liegt an uns selbst. Und gerade an diesem Punkt geben viele auf. Da ahnen sie, daß ihnen nichts mehr bleibt, was ihnen Sicherheit versprechen könnte. Dieses Ausgeliefertsein ist in ihren Augen beinahe noch schlimmer als ein Leben in der Gefangenschaft. Es ist die Angst, ob man es wagen kann.

Vertrauen wächst mit der Vertrautheit. Darum müssen wir den kennenlernen, dem wir uns anvertrauen. Und wenn wir ihn kennen, ist die Hingabe nicht mehr ein Wagnis, sondern Ausdruck des Dankes, der Liebe. Und in dem Maße, wie wir ihn erkennen, wächst auch die Liebe.

Er ist der Herr. Mein Gott. Mein Erlöser. Mein Befreier. Er ist der Durchbrecher. Der starke Held. Der Friedensfürst, der auch den Krieg in mir zum Schweigen bringt. Mein Vater. Mein Freund. Mein Helfer. Mein Schöpfer. Ihm lege ich mein Leben zu Füßen. Diesen ganzen Trümmerhaufen. Auch meinen Stolz, die heimliche Rechtfertigung und vermeintlichen Guttaten, den Trotz und den Geltungsdrang, den ganzen Aufstand gegen ihn. Ihm, von dem ich das Leben erhielt, gebe ich es zurück. Dann weiß ich: Meine Schuld hat er zu seiner eigenen gemacht. Um meinetwillen war er von Gott verworfen. Und gibt es eine größere Ablehnung, als die er selbst durchlitten hat?

Wir bleiben Sünder. Aber begnadigte Sünder. So ist jetzt meine Sünde dazu da, seine Gnade aufzuzeigen. So wird durch meinen Fall erst seine Güte erkennbar. Welch ein Geheimnis! Durch meine Niederlage wird sein Sieg zum Sieg. Mein Scheitern ist sein Ruhm.

Aber Voraussetzung ist, daß wir nicht in unserem Scheitern verharren und nicht bei unserer Schuld stehenbleiben, sondern uns identifizieren mit dem Leiden und Sterben Jesu am Kreuz. Erst so können wir an seiner Auferstehung teilhaben. Erst dann wird Schuld verwandelt in Segen.

Überall da, wo Satan tief seine Furchen gegraben hat, kann Gott jetzt seinen Samen säen, das neue Leben, das aufkeimt und blüht und Früchte bringt.

An Stelle der Ablehnung will Gott eine neue Wurzel in die Erde legen: das Angenommensein. An Stelle der Besitznahme gilt eine neue Beziehung. Nicht Egoismus, sondern opfernde Liebe. Das bedeutet Sicherheit. Geborgenheit. Ein neues Zuhause.

Solch ein Bewußtsein macht innerlich frei. Das läßt großzügig sein. Und solch ein Leben hat eine Ausstrahlung auf andere, das schafft Gemeinschaft. Und Gemeinschaft bedeutet Freude. So wird der depressive Kreislauf aufgelöst und in eine Quelle des Vertrauens umgewandelt. Und der Kreislauf der Bitterkeit wird ersetzt durch die Liebe. Ich wünsche dem andern Gutes. Ich segne ihn. Das baut auf. Das stärkt und gibt Mut. Da ist Vergebung. Und wo Vergebung ist, da ist ein neuer Anfang. Da werden nicht alte Sünden aufgezählt; denn man weiß, wer man selber ist. Das macht demütig.

Und dann ist da nicht mehr der Kreislauf des Todes, sondern der Keim des Lebens, das aus dem Tod erstanden ist. Das ist Freude, Entspannung. Sieg.

Dieser Kreislauf ist auch kein Sog, der nach unten zieht und hemmt. Es ist eine Quelle der Kraft, die aufbaut und den anderen erquickt.

Eine Schwarz-Weiß-Malerei? Nein, das ist eine neue Wirklichkeit. Eine neue Realität.

Jesus will eins sein mit mir. Er will mich in die Einheit zurückführen, aus der ich hervorgegangen bin. Er will mich nach Hause bringen, damit ich bei ihm bleiben kann. Das ist eine neue Identität. Ein neues Leben. Nicht mehr ich lebe, sondern Christus in mir. Welch ein Geheimnis!

Sechste Stufe: Widerstehet!

In dieses neue Leben müssen wir uns einüben. Im ersten Schwung der Begeisterung werden wir denken: Jetzt habe ich es geschafft. Aber dann können wir stolpern — und erneut erliegen. Da kommt das alte Gefühl wieder in uns auf. Dieses alte Muster, an dem wir Jahr für Jahr gewirkt haben, wird wieder erkennbar. Da will man resignieren: es hat doch alles keinen Sinn. Die Erlösung mag für andere gelten, meine Situation ist zu aussichtslos.

Unterschätzen wir nicht die Macht Satans. Er wird alles dransetzen, um sein verlorenes Gebiet zurückzuerobern. Das ist ein totaler Krieg. Dabei geht es nicht ohne Verwundung ab.

Aber wir sollen ihn auch nicht überschätzen. Denn er ist der »Kettenhund« Gottes, der gehorcht, wenn er zurückgepfiffen wird. Nur in den ihm von Gott gesetzten Grenzen kann er sich austoben. Und letztlich ist er ein besiegter Feind. Der Countdown Satans läuft. So dürfen wir uns nicht von ihm beeindrucken lassen oder gar vor ihm zittern. Dann hätte er genau das erreicht, was er wollte: daß Jesus klein, er aber groß geworden ist.

Wenn ein erneuter Angriff kommt, müssen wir unsere neue Position beziehen. Da kann es noch einmal chaotisch zugehen, als hätte alles keinen Sinn.

Jetzt aber heißt es: widerstehet! Und diesem Widerstehen geht eine Bedingung voraus: »So seid nun Gott untertan!« (Jak. 4,7) Das heißt doch nichts anderes, als daß wir Gott wieder den Platz geben, der ihm zusteht. Daß er wieder den ersten Platz einnimmt und Herr sein kann. Daß er wieder der eine ist, dem wir uns unterordnen. Niemand und nichts kann uns aufs neue zwingen. Wenn wir so widerstehen, wird Satan fliehen.

Widerstehen ist somit eine klare Kundgebung unseres Willens: »Ich will nicht länger andern Göttern dienen. Ich will dir nachfolgen und tun, was du willst.« Es ist unsere Wahl, die wir mit unserem Willen bekunden. So sind wir vor eine Entscheidung gestellt, immer wieder neu.

Wie sieht dieses Widerstehen nun praktisch aus?

Aus irgendeinem Grunde sind wir schuldig geworden. Wenn diese konkrete Schuld uns bewußt wird, dann müssen wir sie bereinigen, damit sie uns nicht länger verklagt. D.h. wir müssen handeln, und nicht bis zum nächsten Tag warten — sofern es sich um eine echte Schuld handelt.

Wird uns aber eine alte Schuld vorgehalten, die wir längst ausgesprochen hatten, und kommen wir aus diesem Grübelzwang einfach nicht heraus, dann müssen wir Einhalt gebieten. Dann zeigen wir Satan den Totenschein vor: Adressat verstorben. Denn dann ist die Anklage ein Fallstrick Satans.

»Widerstehet fest im Glauben«, heißt es im Petrusbrief (1. Petr. 5,9). Und Petrus wird es selbst am besten wissen.

Das heißt nun nicht, daß wir ängstlich in uns hineinhorchen sollen, ob vielleicht nicht doch noch irgendwo ... Auch dieser Schuldsuche müssen wir widerstehen, sonst wird die Sünde größer als die Vergebung, die Schuld mächtiger als die Gnade und der Fall tiefer als die Erlösung.

Wenn der Heilige Geist von Sünde überführt, regt sich das Gewissen. Durch Bekennen und Umkehr kommt das Gewissen zur Ruhe. Nun aber gibt es Menschen, die werden ständig von einem schlechten Gewissen geplagt, auch wenn sie noch so viel beichten. Da wird die Beichte zum Zwang. Zwang aber liegt nicht im Wesen Gottes, wie wir bereits erkannt haben. Auch Satan kann ein schlechtes Gewissen bewirken und damit den Menschen versklaven. Wenn wir trotz Beichte und Lossprechen nicht von dem schlechten Gewissen befreit wurden, müssen wir Einhalt gebieten d. h. widerstehen.

Wenn wir nicht widerstehen, werden wir erneut gebunden. So kann das Beschäftigen mit uns selbst uns erneut zur Sünde verleiten. Wir haben uns aber von unserer Vergangenheit losgesagt. Wir haben nichts mehr damit zu tun.

Auch unsere Gedanken geben wir nicht einfach frei. Wir

müssen unser Denken kontrollieren. Wir weisen alles ab, was uns in irgendeiner Weise binden und erneut zwingen will. Wir weisen ab, was uns in diesen alten Strudel zerren will, all das Böse, Niederträchtige, die alten Verletzungen. Wir weisen sie zurück. Stattdessen füllen wir unsere Gedanken mit einem neuen Inhalt, der durch das Wort Gottes gespeist wird.

Und wenn unsere Gedanken mit einem neuen Inhalt gefüllt werden dann wird auch unser Reden neu. Und Denken und Reden beeinflussen schließlich auch unser Gefühl. Wir lassen unseren Gefühlen nicht einfach freien Lauf. Wir bringen sie unter Kontrolle.

Aber ist das möglich? Gefühle können wir nicht steuern.

Bis zu einem gewissen Grade ist das richtig. Aber Gefühle korrespondieren mit unserem Verstand. Wenn ich innerlich verletzt wurde, so kann ich mich entweder in diese Verletzung hineinsteigern, oder ich kann sie von mir weisen, so daß das Böse nicht weiter wächst.

Es ist das Wesen der Versuchung, daß man sie nicht als Versuchung erkennt. Aber jetzt haben wir unseren Feind entlarvt. Er wird uns dort zu treffen suchen, wo wir am leichtesten verwundbar sind. Diese verwundbare Stelle mag bei jedem anders sein. Aber verwundbar sind wir alle.

Jetzt aber soll uns nichts mehr in die Knechtschaft bringen. Wir sind ein Leben lang Knechte gewesen. Jetzt verweigern wir uns ihm. Wir lassen uns nicht mehr zwingen. Wir weigern uns mit Entschlossenheit und Leidenschaft. Wir haben erkannt, daß wir Betrogene gewesen sind. Jetzt haben wir sein Spiel durchschaut. Von Anfang an sind wir Betrogene gewesen.

Da steigt ein Haß auf gegen diesen Feind, der unser Leben geknechtet hat. Je mehr wir über unsere Zwangslage nachdenken, desto zorniger werden wir. Und so sind wir entschlossen, unsere Freiheit in Anspruch zu nehmen.

solche Leute aus euch machen, die in meinen Geboten wandeln und meine Rechte halten und danach tun« (Hes. 36,26).

Er ist der Geist der Liebe. Der Kraft. Der Weisheit. Der Wahrheit. Der Reinheit. Der Freude.

Es ist derselbe Geist, der von Gott ausgegangen ist, ihm alles unterwirft, um es ihm wieder zurückzubringen. Der bei der Schöpfung gegenwärtig war und der im Menschen das Ebenbild Gottes zur eigentlichen Entfaltung bringt.

Er wird nicht mit Gewalt einbrechen, um uns zu zwingen. Er steht vor der Tür und bittet. Er läßt uns die Wahl, ob wir ihm die Türe aufschließen oder sie vor ihm versperren. So ist es unsere Entscheidung, ob wir ihn wollen — oder nicht.

Aber er will nicht nur geduldet sein oder unser Bemühen unterstützen, die eigene Vorstellung zu realisieren. Wenn er kommt, dann kommt er nicht nur als Gast, sondern als Herr, dem wir gehorchen. Er kommt auch nicht als Facharbeiter, der nur unseren Schaden ausbessert. Er kommt als der Schöpfer, der etwas Neues schafft. Der einen neuen Menschen aus uns machen will. Einen Menschen, wie ihn Gott gedacht hatte. Das ist der Sinn seines Kommens.

Und wenn er kommt, stellt er seine Bedingungen. Da übernimmt er die Regie. Wenn wir Einspruch erheben, wird er sich zurückziehen. Er wird uns nicht zwingen. Aber wenn wir ihn gewähren lassen und tun, was er sagt, dann werden wir sehen, wie er aus dem Trümmerhaufen unseres Lebens sein Werk schafft. Wie er unsere Schuld umwandelt in Segen. Wie er unser Scheitern zur Hilfe für andere werden läßt. Wie selbst das größte Leid in Freude mündet und Anbetung.

Aber wir müssen ihn einladen, zu kommen und die Leitung zu übernehmen. Wie bei einem alten Haus, das restauriert werden soll. Die Balken sind morsch, die Decke eingebrochen, die Zimmer voller Schutt. So stehen wir da. Und dann bitten wir ihn: »Mache etwas daraus — zu Deiner

Ehre. Daß es Dein Tempel wird. Reiß ab, was in Deinen Augen keinen Bestand hat, wirf weg, verbrenne, was Du nicht gebrauchen kannst, kehre aus, daß nur noch das übrig bleibt, was Du selbst gewirkt hast!« Und dann müssen wir auskehren, damit er freien Raum hat.

Wir haben in den Abgrund unserer Seele geblickt. Jetzt wollen wir ihn kennenlernen. Das Scheitern hat unsere Schwachheit aufgedeckt. Jetzt wollen wir seine Kraft kennenlernen. Wir haben für uns selbst gelebt, nach unserer Vorstellung, jetzt wollen wir ihm leben nach seiner Vorstellung.

Wenn wir ihn aufrichtig bitten, wird er nicht zögern. Da wird er anfangen, sein Leben in uns zu gestalten. Da wird er mit seinen Gaben sein Werk ausrichten — durch uns.

Wir leben — aber letztlich sind dann nicht wir es, die leben, sondern Jesus, der jetzt in uns wohnt.

Ist das eine Utopie? Ich lebe. Ich spüre dieses Ich in all seinen Fasern, all seiner Versuchlichkeit. Es ist kein Scheinleib, mit dem ich ein Scheinleben führe. Es ist eine Realität, die oft schmerzt. Was hat sich geändert?

Der Glaube ist so einfach, daß ihn selbst Kinder verstehen. Vielleicht ist er darum so schwer. Eine andere Realität, aber darum nicht weniger real.

Wir müssen uns von unserem Denkschema befreien. Wir müssen lernen, von einem anderen Standort auszugehen. Nicht das, was wir sehen. Nicht das, was wir fühlen. Das, was Er sagt, das gilt.

Aber wenn wir wieder gehorchen — wo bleibt dann die Freiheit? Sollen wir erneut zu Knechten werden? Wir sind nicht zur Knechtschaft berufen, sondern zur Freiheit. Aber diese Freiheit ist nur in der Bindung möglich an den, der uns erlöst hat. Wir haben ja gesehen, daß die Gebote kein Zwang sind, sondern wie Meilensteine, die den Weg nach Hause weisen.

er gehörte nicht sich selbst. Er gehörte zu dem, der in unendlicher Weisheit das Leben regiert. Er gehörte zu dem, von dem er sich angenommen und geliebt wußte. Trotzdem kannte auch Paulus Stunden der Anfechtung, so daß er Gott bat, ihn von diesen Angriffen zu befreien. Ja, er schreibt von einem »Engel Satans, der ihn mit Fäusten schlug« (2. Kor. 12,7). »Laß dir an meiner Gnade genügen«, war die göttliche Antwort, »denn meine Kraft ist in den Schwachen mächtig.«

So mag es sein, daß auch wir einen Stachel brauchen, der uns in der rechten Abhängigkeit hält. Es mag sein, daß wir hinken, wie Jakob nach dem überstandenen Kampf (1. Mose 32,26f). Und Petrus, der selbst das Scheitern erleiden mußte, schließt seinen Brief mit den Worten: »Wachset aber in der Gnade und Erkenntnis unseres Herrn und Heilandes Jesus Christus« (2. Petr. 3,18). Wachsen ist ein Prozeß. Das ist eine Entwicklung. Von einer Stufe zur andern. Tag um Tag. Die Basis der Gnade aber ist die Vergebung.

Wir dürfen schwach sein — weil Gott stark ist. Wir dürfen stolpern — weil er uns hält. Wir dürfen uns verirren — weil er uns ans Ziel bringt. Das Ziel aber ist, die Freude Gottes zu teilen.

Das neue Leben kann nicht aus sich selbst bestehen. Es wird von der Wurzel gespeist. Wenn wir uns von dieser Wurzel wieder trennen, werden die Zweige verdorren. Ist es nicht das, was Jesus sagt: »Ich bin der Weinstock, ihr seid die Reben« (Joh. 15,1ff)? Erst wenn wir unsere Identität in Jesus gefunden haben, können wir leben. Und wenn wir mit ihm verbunden sind, überwinden. Dann sind wir frei. Auch wenn wir äußerlich in Ketten liegen. Dann reiben wir uns nicht mehr wund, denn wir vertrauen dem, der uns nach Hause bringt. Dann können wir in Freiheit vor dem andern stehen — weil wir zu Gott gehören. Dann können wir die Wahrheit sagen, ohne unnötig zu verletzen. Dann können wir dem andern vergeben, weil auch wir von der Vergebung leben. Und weil wir uns angenommen und geliebt wissen, können wir den andern annehmen und dem andern in Liebe begegnen. Weil Jesus durch uns liebt, können wir auch den freigeben, den wir gebunden hatten. So wird auch der andere mit hineingenommen in diesen Segensstrom.

So ist die Erlösung weit mehr als Vergebung der Schuld. Es ist ein Heilwerden der ganzen Persönlichkeit. Dort, wo die Verletzung stattgefunden hat, ist das Neue geworden, ein neuer Kern. Denn die Erlösung beseitigt nicht nur ein Symptom, sie geht mit dem Ursprung des Scheiterns ins Gericht: mit der Sünde.

Je dunkler die Nacht — desto heller der Tag.
Je tiefer der Fall — desto größer die Gnade.
Je aussichtsloser die Verstrickung — desto strahlender
die Liebe.
Je verzweifelter das Leid — desto mächtiger die Freude.
Je verwickelter der Kampf — desto tiefer der Friede.
Und dann wird aus der größten Verwirrung —
ein Lobgesang.

Vom gleichen Autor:

Umgang mit der Angst

104 Seiten, Paperback, ABCteam Bd. 190

Angst gehört zu unserem Leben. Solange wir auf dieser Erde sind, werden wir Angst erfahren. Es wäre sinnlos, sie zu leugnen. Wir können zwar versuchen, sie zu überspielen; aber damit ist sie noch nicht besiegt.

In meine Sprechstunde kommen mehr und mehr Menschen — sie kommen von weit her — gezeichnet von der Angst; einer Angst, die lähmt und jegliche Lebensfreude raubt; einer Angst, die das Leben von innen her langsam zerstört. Und dann versuchen wir gemeinsam, diesem hinterhältigen Feind auf die Spur zu kommen.

Wer von den quälenden Angstsymptomen befreit werden will, muß kämpfen. Dieses Buch soll dabei Hilfestellung bieten.

Das verlorene Ich
Vom Minderwertigkeitsgefühl zur Selbstfindung

96 Seiten, R. Brockhaus Taschenbuch Bd. 368

Die Minderwertigkeitskomplexe mit ihren vielerlei Auswirkungen sind zu einer Volkskrankheit geworden. Aggressionen und Depressionen, Ehekonflikte und Hungerkrankheiten haben hier ihren für viele unsichtbaren Herd. Wie kommt man heran, und wie kommt es zur Heilung? Dr. Horie zeigt den Weg.